XINSHIDAI
JIAOYU
CONGSHU

MING
XIAOZHANG
XILIE

名校长系列

新时代教育丛书

新时代乡土教育的传承与构建

王正 ◎ 著

北京出版集团
北京教育出版社

图书在版编目（CIP）数据

新时代乡土教育的传承与构建 / 王正著. -- 北京：北京教育出版社，2021.9
（新时代教育丛书. 名校长系列）
ISBN 978-7-5704-3748-1

Ⅰ. ①新… Ⅱ. ①王… Ⅲ. ①地方文化—关系—中小学教育—研究—中国 Ⅳ. ①G63

中国版本图书馆 CIP 数据核字（2021）第 172461 号

新时代教育丛书·名校长系列
新时代乡土教育的传承与构建
王 正 著
*
北京出版集团
北京教育出版社 出版
（北京北三环中路6号）
邮政编码：100120
网　　址：www.bph.com.cn
京版北教文化传媒股份有限公司总发行
全 国 各 地 书 店 经 销
河北宝昌佳彩印刷有限公司印刷
*
787 mm×1 092 mm　16 开本　18.5 印张　248 千字
2021 年 9 月第 1 版　2021 年 9 月第 1 次印刷
ISBN 978-7-5704-3748-1
定价：68.00 元
版权所有　翻印必究
质量监督电话：(010)58572393　58572787　58572750
北京教育出版社天猫旗舰店 https://bjjycbs.tmall.com
购书电话：13381217910　(010)58572911

总 序

办好新时代教育

随着社会现代发展进程的推进,尤其是改革开放以来,中国教育事业加速发展,中国已建成世界最大规模的教育体系,教育总体发展水平进入世界中上行列,中国教育发展进入新时代,中国基础教育改革进入实质性的根本转型时期,处在一个走自主创新道路的关键转折点。

新时代呼唤新的教育。习近平总书记在全国教育大会上强调:"立足基本国情,遵循教育规律,坚持改革创新。"面向未来的教育才有未来,新时代的教育,重在破解传统、旧有范式。基于此,面对新时代教育,与教育工作相关的所有主体都需要从思想和行动上做出努力和改变,并围绕主体价值、文化情境、智慧情怀、系统生态等关键词全面开展教育活动。

首先,新时代教育强调主体价值。

"教育同国家命运紧密相连",点明了教育在国家建设和民族复兴中的地位和作用,强调了教育改革发展的价值取向,为我们今天准确把握办学的总体方向和人才培养的根本目标提供了思想遵循。

教育现代化的终极价值判断标准是人的发展,是人的解放和主体性的跃升。自古以来,中国的教育传统既强调教育的人文性,也强调教育的社会性，相应地，在人才培养目标上既强调完善自我，也强调服务社会和国家，更强调在服务社会和国家中达到自我的充分实现。新时代更要坚守教育本质，重视教育的价值观建设，坚持以社会主义核心价值观为引领，回答好"培养什么人、怎样培养人、为谁培养人"这些根本问题，从而培养有历史责任感、志存高远的时代新人。

其次，新时代教育强调文化情境。

学校不仅是传播知识、文化、智慧的地方，更是生产知识、文化、智慧的场所。学校无文化，则办学无活力。学校是文化传承的主阵地，学生文化、教师文化、课程文化、网络文化和制度文化等现代学校文化建设，引领了学校的发展，呈现了学校办学气质。

更重要的是，文化创设情境。"为学生一生发展奠基"，统整科学与人文，优化学生生存环境，借由"境中思""境中做""境中学"，实现学生主动学习与发展、个性化成长及德育渗透。

增进文化认同，是学校管理者的重要使命。政策制定者、执行者和教育管理者，一定要从为国家和民族培养优秀人才的角度关爱引导师生，让每位教育工作者深刻认识到"教育"二字蕴含的国家使命，真正将为国家和民族培养人才、培养爱国奉献的人才这一价值追求切实贯穿于办学育人全过程，一代一代坚持下去。

再次，新时代教育强调智慧情怀。

国之兴衰，系于教育。教育兴衰，系于教师。教育同国家的前途命运紧密相连。这当中，智慧型教师和教育家尤其为新时代教育所期待。他们目光远，不局限于学校和学生眼前的发展，而是着眼于未来；他们站位高，回归教育的本体，努力把握并尊重敬畏教育的共识、规律；他们姿态低，默默耕耘，淡泊明志，宁静致远；他们步伐实，总能紧紧围绕学生、教学、课程、教师发展等思考自己的职责和使命。

总而言之，教育家顺应时代潮流，立足现实，展望未来。在把握办学方向、把握时代脉搏的基础上，他们勇立潮头，担当时代先锋，他们对历史和未来负责，超越现实、超越时空、超越功利，用教育的力量塑造未来，解放学生的个性、想象力和创造力，共同推动和引领中国基础教育改革和创新，愿意为共同探索中国未来教育之道而做出巨大的努力。

最后，新时代教育强调系统生态。

观古今，知兴替，明得失。关于未来的认识是选择性的，未来"未"来，新时代的教育人需要根据某种线索去把握超出现在的想象并做出价值选择。这种价值选择的关键还在于，教育人真切明晰，未来学校是面向未来的学校，是为未来做准备的。教育中的新与旧、过去与未来，不是对立的，而是连续的，从而能够让教育者基于教育的本质和规律守正创新，坚守立德树人的初心。

各级各类学校之间是相互依赖的，单一的学校不能构建成一个完整教育系统，唯有每个学校都致力于体现自身的教育特性，努力实现自己所承担的教育任务，发挥出自己的教育作用，才能共同构成一个完整的教育系统。加强基础教育改革设计的整体性、系统性和长期性，把"办好每一所学校"作为基础教育改革发展的主要目标，是共同构建良性的教育生态，发挥整个教育系统功能的最优选择。

在这种情境下，"新时代教育丛书"的策划出版具备极强的现实意义。丛书通过考察和认识各地名校教育实践，寻找新时代教育的实践样本，清晰梳理了新时代教育中名校、名校长、名师、名班主任等的发展脉络，记录了新时代教育正在逐渐从被动依附性转向自主引导性，并在与现代技术的融合中彰显出其对于经济和社会生活的主导价值。

丛书提供了不同类型、不同地区的中小学名校、名校长及名师、名班主任在探索、构建新时代教育过程中鲜活的实践案例及创新理念。从中，可以看到有深厚历史积淀的传统名校，也可看到新时代教育发展浪潮中的新兴学校，其中有对外开放探索中国本土化教育的小学，也有站在教育改革潮头的中学；还可以看到开拓创新引领时代风气之先的名校校长、专注各自领域的优秀教师，以及新时代教育变革下的全国各地不同的班主任的德育之思。

更难能可贵的是，丛书不仅包括一般情境下的"案例"，也包括了特殊情境下的思考，不同系列注重了从"现象"到"本质"的过程，进而升华到方法论。丛书的每一本著作既是独立完整、自成体系的，也是相互呼应的，剖析问题深入透彻，对策和建议切实可行，弥补了教育理论和学校实践之间的差距，搭起了一座供全国教育研究者、学校管理者了解新时代教育及未来学校落地实践的桥梁。

未来学校不是对今天学校的推倒重来，而是对今天学校的逐步变革。这不仅仅是对学生提出的挑战，更是对学校发展建设提出的挑战。我们始终强调，理论不能彼此代替、相互移植，中国基础教育的改革与发展，必须靠中国的教育学家和广大教育工作者来研究和解释，从而构建立于世界之林的新时代中国基础教育的改革和发展的当代形态，实现理论创新和方法创新。

期待丛书能给更多的中小学校以启发，给教育工作者以有益的思考，供他们参考借鉴，帮助他们寻找到新时代教育的钥匙，进而在新时代教育的理论指导和教育改革实践带动下，因地制宜、因校制宜地落实到新时代教育工作中，引领学校新样态发展，助力更多学校在新时代背景、新教育形势下落地生花，实现特色、优质与转型发展，快速提升基础教育水平，推动教育改革发展，实现立德树人的根本任务，办好人民满意的教育。

新时代教育丛书编委会
2021 年 1 月

序

看到王正校长发来的书稿时，我正坐在从一所小学考察后返程的高铁上，那所充满浓郁乡土气息和地域文化的学校让我感动不已。我随手写下一段话，记录对它的印象："黄河之阳，阡陌无疆。乡土德平，秧舞铿锵。百年书院，千年书香。乡村名校，文脉正央。修前贤德，治今世平。以文化人，气宇轩昂。"在这样的心境中拜读王正校长的这本书稿，体会质朴的语言传达出的对乡土教育炙热的情怀，深刻的思考直抵心灵深处。

当前社会发展日新月异，教育流派层出不穷，但基础教育领域仍需不忘初心、坚守传统，做到古今结合、传承有序。中国疆域辽阔，学校所处的地域环境不同、乡土文化各异。不同的学校，像不同的花卉，形态各异、花期不同，组成一座各美其美、美美与共的百花园。乡土教育体现了中国传统社会的多元构成，促进了不同地域文化的包容发展。每个人的成长不可能独立于自身成长的乡土之外，乡土知识的传承和应用，能激发师生的学习兴趣和探索精神，可以了解自己所处地域的前世今生，并懂得自己需要做什么、怎么做。国家课程体系不能完全满足地域教育需求，当代青少年需要弥补乡土生活体验的缺失和遗憾，让人生变得充实、完整。普通中小学校要立足学校所处的地域，认真审视本地乡土文化与教育教学活动的密切关系，有助于解决新时代教育工作中面临的各种问题，寻找到更适合本地师生、家长的教育教学方式。当前中小学校开展的乡土教育，大多以校本课程、社团活动的形式出现在中小学校之中，尚缺乏整体构建和系统引领。

2008年以来，王正校长先后担任定点小学、中心小学、中心中学校长，目前是"泰山名校长"、山东省首批"齐鲁名校长工作室"成员。他任校长十几年来，结合地域特点和师生实际，先后在三所学校开展了新时代乡土教育的探索和实践，并进行了理论提升和系统整理。本书以新时代的视角，从立体维度进行乡土人文传承、地方教育追寻，从学校规划设计、理念凝练、氛围营造、场馆设计、教学实施、德育活动角度，进行系统思考与全面实践，形成了"新时代乡土教育"的办学思想。在对乡土概念进行梳理和界定的基础上，从理论与实践层面对新时代乡土教育寻根溯源，寻找古为今用的方式方法，侧重于对普通中小学校乡土教育资源的发掘与应用，重点介绍资源搜集、系统梳理、学校应用、师生发展和教育实施等具体路径。

"身土不二。"对于当前的中小学教育而言，无论是德育、智育、体育的全面发展，还是劳动教育的回归、审美教育的加强，都可以在乡土文化传承中找到课程资源和实施途径。苏霍姆林斯基说过，学生是"从直接表达爱家庭、爱学校、爱故乡的感情，逐渐过渡到认识更加深刻的社会关系，从理性上认识祖国的概念"。乡土教育本身承载的地域特色和乡土精神，对于学生熟悉家乡、热爱家乡具有重要意义。乡土教育不是单纯的知识灌输，而是通过系统学习、实践体验、环境熏陶，来培养学生乡土自信、培植家国情怀的过程，推动乡土文化在中小学校的特色培植中发挥重要作用，成为落实"立德树人"根本任务的有效途径。

王校长具有浓浓的乡土教育情怀，视野开阔，涉猎广泛，博览地方史书，长期扎根基层中小学教育领域，具有不同学段的学校管理经历，收集与研究了大量古代和近代教育实物，结合一线教育教学管理需求，进行了新时代乡土教育的全面探究和实践，进行了乡土教育的历史追寻、深度思考与系统梳理。自主设计和建成肥城老县城教育陈列馆、肥城市老城革命纪念馆、肥城老县城古代史馆，主持开展的多项课题项目、案例成果荣获山东省教育厅表彰并推广。

　　当前，不缺乏乡土教育的实践，缺乏乡土教育的范例；不缺乏乡土教育的摸索，缺乏长期坚守的群体。本书系统全面、观点新颖，对乡土学校规划设计、乡土学校文化营造、乡土教育资源建设、乡土教育场馆设计、乡土教育活动开展等方面有原创和独到见解，能较好地满足广大一线校长和教师的实际需求，对新时代乡土教育在中小学校的全面构建和微观实施具有指导引领作用。

　　这本关于乡土教育的指导用书，以全面推进乡土教育为逻辑主线，构建了乡土文化在地方中小学校传承应用的系统框架，并针对当前中小学乡土教育的薄弱点与空白点，实现了理论与实践的有机结合，既有相关的理论支撑，又有丰富的实践佐证，并有诸多关于乡土教育的设想和构思，引领更多的中小学校去延伸应用。

毕诗文

(齐鲁师范学院教授、山东省中小学师训干训中心主任)

目录 / CONTENTS

第一章　新乡土教育的时代价值

新乡土教育的定义与追寻　　　　　　　　　　　／002

新乡土教育的背景与价值　　　　　　　　　　　／006

新乡土教育的范畴与跨度　　　　　　　　　　　／009

新乡土教育的资料与来源　　　　　　　　　　　／012

新乡土教育的考察与选择　　　　　　　　　　　／015

第二章　新乡土学校的规划设计

新乡土学校的视野与导向　　　　　　　　　　　／022

新乡土学校的推进与策略　　　　　　　　　　　／028

新乡土学校的规划与设计　　　　　　　　　　　／032

新乡土学校的布局与分区　　　　　　　　　　　／040

新乡土学校的形制与要点　　　　　　　　　　　／045

新乡土学校的意境与要素　　　　　　　　　　　／050

第三章　新乡土教育的文庙传承

新乡土教育的生态泮池　　　　　　　　　　　　／054

新乡土教育的育人杏坛　　　　　　　　　　　　／061

新乡土教育的六艺群雕 / 065

新乡土教育的书画碑刻 / 070

新乡土教育的乡贤颂扬 / 073

新乡土教育的魁星传说 / 076

新乡土教育的礼乐教化 / 079

第四章 新乡土教育的书院何为

新乡土教育的书院何为 / 088

新乡土教育的书院溯源 / 092

新乡土教育的学规应用 / 096

新乡土教育的课艺交流 / 100

新乡土教育的馆阁书法 / 102

新乡土教育的书院思辨 / 106

新乡土教育的书院读书 / 108

新乡土教育的书院会讲 / 114

新乡土教育的书院考课 / 118

第五章 新乡土学校的地域展现

新乡土学校的山水小品 / 122

新乡土学校的楼名路名 / 130

新乡土学校的画像雕塑 / 137

新乡土学校的颂扬牌坊 / 142

新乡土学校的文人树园 / 145

第六章　新乡土学校的文化彰显

- 新乡土学校的校园文化　　/ 152
- 新乡土学校的地名探究　　/ 158
- 新乡土学校的校训凝练　　/ 161
- 新乡土学校的校歌创作　　/ 166
- 新乡土学校的校徽元素　　/ 171
- 新乡土学校的校旗设计　　/ 178
- 新乡土学校的地域校服　　/ 181
- 新乡土学校的校长赠言　　/ 188

第七章　新乡土教育的场馆基地

- 新乡土学校的教育场馆　　/ 192
- 新乡土学校的校史展馆　　/ 201
- 新乡土学校的饲养园地　　/ 212
- 新乡土学校的耕读农场　　/ 217
- 新乡土学校的劳动教育　　/ 221
- 新乡土教育的乡野徒步　　/ 230

第八章　新乡土学校的课程活动

- 新乡土学校的课程教材　　/ 238
- 新乡土学校的师资培训　　/ 247
- 新乡土学校的课堂规则　　/ 253
- 新乡土学校的读报时空　　/ 256
- 新乡土学校的德育方案　　/ 258

新乡土教育的心理疏导　　　　　　　　　　/ 263

新乡土教育的家族探究　　　　　　　　　　/ 269

新乡土教育的年节传承　　　　　　　　　　/ 273

后　记

不要等后来才知道　　　　　　　　　　　　/ 277

第一章

新乡土教育的时代价值

新乡土教育的定义与追寻

费孝通在《乡土中国》中写道:"文化是依赖象征体系和个人的记忆而维持着的社会共同经验。这样说来,每个人的'当前',不但包括他个人'过去'的投影,而且是整个民族的'过去'的投影。"

乡土文化是在一个特定地域内发端流行并长期积淀发酵,带有浓郁地方色彩的物质文明、精神文明和生态文明的总和,包括地域特色、自然景观、文物古迹、地名沿革、历史变迁、社会发展以及民间艺术、民俗风情、名人轶事、语言文化,等等。广义的乡土文化还包括当地学校的校园文化、校风学风、办学特色以及师生的居住环境、家庭生活等。

通常所称的"乡土","乡"即个体成长的家乡地理概念与范畴,"土"即个人生活的土地所承载的物质文明和精神文化。乡土不等于乡村,乡土的概念没有城市和乡村之分,如果把乡土概念视为乡村范畴,是对乡土概念的狭隘化和片面化,这是值得注意的地方。

吴明清教授曾对"乡土"这样定义:"乡土是以自我为圆心,以情感为半径,画一片有家有生活的土地;生活中有人有事,土地上有景有物,交织成绵延不绝的历史和文化。"乡土的范围是生于斯、长于斯的地域,是个体与外界的相对而言。身在外国,祖国便是乡土;身在外省,本省便是乡土;身在外市,本市便是乡土;身在外县,本县便是乡土。以此类推,乡土范畴随着个体的移动而发生相应的变化。

随着时代的发展,城市老城区大规模拆除,农村古村落大面积被废弃。千百年来"暧暧远人村,依依墟里烟"的乡村中国,经历着前所未有的城镇化进程,打破了千百年来聚族而居、邻里相处的传统社会生活形态。

"各美其美,美人之美,美美与共,天下大同。"不同的乡土孕育不同的人文,不同的人文造就不同的学校。当前,仅存的古村随着青壮年的离开而荒废消逝,仅剩的古城随着城区改造面目全非,以前那种带有浓厚地域烙印的乡土生活,或将成为永远的记忆。作家冯骥才长期关注古村落文化的保护,二十一世纪初,他发现在中国很多省份还能看到一些具有浓郁乡土特征的古村落,仅仅十年之后很多村落就被拆迁而消失,仅存的城市老建筑、老街巷也面临着同样的命运。

一个村落、一片街区的消逝,意味着积淀了数百年甚至上千年的乡土脉络、乡贤文化、乡土记忆渐渐远去。由于缺失乡土文化的认知途径和传承氛围,地域传统价值观念和道德行为体系已经趋于碎片化和断层化。长此以往,中华民族最重视的乡土观念和家族意识,会面临消失殆尽的危机。

2000年前后,由于城镇发展的加速、交通运输的便利,大量年轻人离开自己成长的家乡,辗转不同的城市成家立业。逐渐成长的"00后""10后"对父母的故乡,包括自己出生长大的地方,缺乏必要的人文认知和生活体验,甚至对相关的乡土文化因素近乎一无所知。

外来移民及其后代面临着如何与当地社会全面融合、和谐共处的问题,需要尽快融入不同的地域,甚至终老于此。外来人员对所在地域进行全面了解和深入认知，是较好的融入办法和认同方式。人们走在首都北京的大街上，或者胡同里，不会感到无趣，因为在平时的学习和生活中，已经提前了解到很多北京的人文故事，期待着去探寻和印证。

当前，中国自给自足的农耕社会体系逐渐瓦解，千百年来携亲迁徙、聚族而居的乡土生活逐渐消失。当代的青少年伴随着城镇化、楼房化的普及而远离真正的乡土，节假日也面临着电子产品的侵占、学业负担的重压，而无暇深入接触周围的地域环境，相对于老一辈，他们的接触媒介、学习途径与生活状态发生了巨大变化。

当千百年来的中国传统礼仪、年节风俗等地域习俗与青少年渐行渐远，他们选择对仅存的乡土文化视若无睹，甚至轻视逃避。长此以往，不仅中国传统意义上的"修身、齐家、治国、平天下"的立身之道会在下一代青少年身上消失，他们也会面临"自己是谁、从哪里来、到哪里去"的身心归属问题。"无知者无畏"，如果个人缺乏基本的身份认知、文化认同，容易给国家、社会、集体、他人和自身带来不可估量的损失。

中国人讲究叶落归根，一个人无论走到哪里，变成什么样子，内心深处坚守的东西，与其成长的地域环境紧密相关，家乡永远萦绕着一个人最温馨、最难忘的回忆。然而我们却缺乏对乡土文化的重视与传承。

近年来，古代服饰、文创产品等逐渐受到青少年的喜爱并流行，中华传统文化以其顽强的生命力获得了重生，随着物质生活需求的基本满足，人们终于开始了对传统地域人文精神的回望与追寻。

美国学者克拉克洪说过，"一个社会要想从以往的文化中完全解放出来，是根本不可想象的，离开文化传统的基础而求变、求新，必然招致失败"。基层中小学教育需要慢下来，静下来，让师生在乡土文化的传承与浸润中汲取充足的营养，得到自由的呼吸，获得自然的成长。

2000 年前后，中国大地经历了社会经济的高速发展和社会环境的巨大变化，推动城乡社会完成从农村化到城市化、从农业化到工业化的深刻转型。特别是大规模的旧城区改造和新农村建设，引发了传统乡土社会的深度变革。伴随着时代的发展，中国传统的乡土范畴和人文生活已发生前所未有的变化，乡土文化的教育者、教育对象、教育内容和教育媒介也应该顺势而为，既传承优秀乡土文化，又融入时代教育要求，实现为乡土教育历史寻根，为乡土教育传承求证，为乡土教育发展献策，可称为"新时代乡土教育"，简称"新乡土教育"。

新乡土教育的背景与价值

不同品种的花草，生长期不同，花期也不同，只有静待花开，方能百花满园。不同的地方学校，根植于不同的乡土，面对不同的环境，需要不同的生长历程，才能彰显不同特色。

目前，教育技术和教育改革步伐越走越快，各种管理模式、教育流派、跨界任务层出不穷，学校和师生逐渐跟不上节奏，容易引发不同程度的焦虑和浮躁。长此以往，学校与师生就会像用现代手段繁育的速生动植物一样，由于缺乏自然环境的阳光雨露，缺少天然生长的时间过程，失去教育与受教育过程应有的幸福体验。

乡土文化学校的构建，就是让教育的脚步慢下来，正确看待教育的根脉传承，尊重师生的成长规律，关注师生的身心健康。从基层学校的视角去看乡土教育的缺失，梳理散落的、碎片化的地域文化脉络，成为国家课程的有力补充。通过发掘和传承优秀乡土文化，处理好传统与现代、继承与发展的关系，改变当前师生普遍缺乏乡土认知和生活体验的现状，树立乡土自信心和个人归属感。

任何新芽，都需要从种子或者根茎中萌生，乡土文化的传承和发展，也要寻根溯源。自周朝出现"以乡三物教万民而宾兴之"的乡土教育启蒙以来，古代的乡土教育通过乡风民俗的延续，实现乡土教化的功能。二十世纪上半叶，是中国乡土教育的重要发展时期。晏阳初的"平民教育"思想，借鉴了西方教育模式；土生土长的梁漱溟则推行了"乡村建设"运动；潘光旦的"社会位育论"教育理念，认为教育只能产生并光大于教育对象生存的土壤，不能盲目崇拜和追随欧美教育；黄炎培创办中国早期的规范职业教育；陈鹤琴发展并形成"活教育"的理论体系；陶行知的"生活教育"更是影响深远。近代教育家们在乡土教育领域的探索和试验，为当代乡土教育开展提供了理论依据和实践经验。

很多发达国家非常重视乡土教育。德国自19世纪末开始全面推行乡土教育，1920年德国教育部提出"一切学校都应变为乡土学校"，通令"基础学校四年的课程都要以乡土教育为中心"，至今成为德国教育的重要传统。日本则将乡土教育包含于历史、地理、修身等课程中，每所学校都设有"乡土室"，还有"乡土展览"及"乡土调查"等课程活动。很多国家的乡土教育促进了当地传统文化的延续和发展，又为当地经济社会的发展提供了源泉与动力。

乡村学校的复兴、城区学校的发展，都离不开乡土文化的浸润，只有这样，才能体现出多元丰富的地域教育特色。让教育静下来，不再浮躁，不再随波逐流，让乡土文化因素伴随青少年的人生历程，成为促进城乡经济社会发展的源泉动力。乡土文化教育是由一个原汁原味、古今交融、有机统一的整体构建，是包括规划设计、建设营造、课程设计、环境创设、场馆配置、课堂融合、展示交流、成果提升的有机体，而不是肤浅的、零碎的、孤立的、不古不今的、不伦不类的混合体。

如果每所幼儿园、中小学校能自觉地将乡土文化由小及大、从点到面地进行挖掘整理、学习传承，那么，在幼儿园、小学、初中到高中这十几年学习成长的关键期，青少年就能够获得大量生动的乡土生活体验。全国几十万所学校连在一起，就能实现传统乡土文化的基本覆盖，优秀乡土文化就能够在一代代的国人身心传递之中，实现系统全面的传承与发展。

当前，中小学校办学的特色化、课程的多元化，依靠于对现代化教育设施的不断更新，依赖于对国内外各种模式流派的不断追逐，而忽视了基础教育与乡土文化之间"身土不二"的依存关系。随着对传统文化的重视和弘扬，不少地方中小学校也在尝试挖掘和应用乡土教育资源。但由于近年来对乡土文化传承缺乏重视和投入，乡土教育师资的培养和承接出现空档与断层，乡土文化的教育氛围和传承方式发生了极大变化。乡土教育的构建需要完整的操作思路、具体的实践指导，避免在整体设计、文化营造、课程开发和德育活动等方面缺乏引领，浅尝辄止。

随着对中华民族优秀传统文化的逐步重视，各级中小学校可以充分利用地域人文优势，对优秀乡土文化元素进行挖掘整理、设计规划，全面融入学校整体建设和教育教学工作，实现优秀乡土文化与当代学校教育的深度融合，使地域文化在当代师生的成长过程中起到积极浸润作用，从而使师生树立乡土自信，培植师生的家国情怀，实现乡土文化的全面传承、有序发展。

一线的教育工作者，面对已经或者即将消失的乡土文化，既要有所触动，更要有所担当，有所作为。因为千百年积淀而来的乡土文化，值得师生挖掘传承与借鉴应用，就像"四书五经""唐诗宋词"一样，传统文化永远是彰显华夏精神的百花园和藏宝库。

新乡土教育的范畴与跨度

乡土的地域范畴既是历史传承的结果，也是动态发展的概念。随着经济社会的不断发展，地理行政区划的调整增多，乡土的范畴也随之发生变化。乡土教育要立足当地实际，充分考虑历史与现实的各种主客观因素，做到承前启后、传承有序。通过合理界定乡土文化的覆盖范畴和时间跨度，进行相关专题规划，才能进行资源搜集、深入研究和全面实施。

一、乡土文化的地理范畴

"十里不同音，百里不同俗。"乡土教育所指的地域概念，具体到中小学校层面，就是指其覆盖的地域范围。一般依据学校生源覆盖的区域行政级别划定，由村到镇，由镇到县，由县及市……根据招生范围不同进行逐级扩展。

中小学校按照生源覆盖范围，构建乡土教育特色，既可以避免与其他学校研究范围重合，也便于实地考察和研究，真正展现乡土文化的地域性和独特性，实现各美其美、美美与共的共同成长。

学校所在的街区、村落，或者所服务的工矿企业所在地，属于师生应该了解和熟知的地理范畴。如果出现招生区域合并或调整的情况，要适当进行研究范畴的变动。

二、乡土文化的范围把控

乡土文化的研究范围要把握好度，研究范围越合理，就越有针对性和说服力，越能体现地域人文精神。如果一所小学校非要研究一个大范围，往往会力不从心，无从下手。研究范围缩小，不意味着研究内容受到限制，也不意味着思路会变得狭窄，反而有利于师生进行更精准的区域乡土课程开发与实施，获得从点到面的深入体验。

当然，如果学校规模较大、师资雄厚、条件允许，在做好本校覆盖范围内的乡土文化研究的前提下，可以拓展研究的地域范围和课程内容，以获取更加丰富的教育资源供师生学习与实践。

三、乡土文化的校名拓展

中小学校、幼儿园一般是依附于所在的地域来建立，学校的名称大部分来自当地的地名和路名，如济南中学、经五路小学；有的以名人字号、名胜古迹命名，如陈毅中学、泰山中学；有的采用当地的历史别名、著名书院命名，如山左公学、东林小学；或者以服务的行业等寓意命名，如铁路子弟学校。因此，在立足所属区域进行乡土课程开发的同时，还可以从校名本身的含义来进行拓展和延伸，因为校名的背后，都有相关的地名、行业、人物、事件等渊源和含义，其范畴和外延可以进行适当的拓展和探究。

四、乡土文化的时间跨度

乡土文化要从历史的综合维度来梳理，一般是从当地出现人类活动的时间算起，梳理当地在不同时期的名称由来和隶属关系，开展不同时间跨度的乡土文化研究。乡土文化的分析研究，不拘泥于古代和近代，当代社会也孕育和产生了很多的乡土精神文化、社会发展成就，特别是那些凸显地域人文精神的重要成果，能够代表乡土文化的传承发展，也是乡土教育研究的重要内容。

五、新建学校的乡土范畴

随着城区的拆迁和扩张，一所所新的学校伴随回迁社区或者新建社区拔地而起。新建学校可以根据所在区域原有的街区或村落名称，划定本校乡土文化课程资源挖掘和重现的范围。根据所处地域的地理位置、地形地貌、人文环境，从无到有，从小到大，广泛征集，系统整理，逐渐重现地域乡土文化脉络，让学校成为新建社区的乡土文化传承场所，让师生和家长成为乡土文化复兴的参与者和体验者。

如果所在学校的外来生源较多，可以根据教育教学需要，组织家长进行分工、分类展示各自故乡的乡土文化特色，进行不同地域文化的比较和交流，从而促进师生对不同乡土文化的了解和认知，增进青少年对多元文化的吸收与包容。

新乡土教育的资料与来源

《礼记·王制》曰:"凡居民材,必因天地寒暖燥湿,广谷大川异制。民生其间者异俗:刚柔轻重迟速异齐,五味异和,器械异制,衣服异宜。修其教,不易其俗;齐其政,不易其宜。中国戎夷,五方之民,皆有其性也,不可推移。"乡土文化深受其自然环境和社会结构影响,表现出与众不同的典型性和独特性。

开展新时代乡土教育,需要系统挖掘与整合乡土文化资源,进行相关课题课程和实践活动的全面准备。由于缺乏重视,很多乡土文化在视若无睹中渐渐消失。面对已经不全面、不准确的乡土文化现状,需要明确地域概念范围,借助各种工具和途径,将乡土文化教育的内涵和外延进行梳理完善,改变当前零碎化、浅层化、片面化的研究与应用现状。

一、地方志书

"国有史,郡有志,家有谱。"地方志书,不同于野史杂谈和通俗读物,是历代官府组织专业人员经过严谨调查,组织撰写的反映当地人文地理、风俗文化、经济社会发展的百科全书,譬如各种省志、府志、州志、地区志、县志、镇志、村志及各种乡土志等。

古人云："治天下者，以史为鉴；治郡国者，以志为鉴。"地方志书由于其官方特殊背景，编写者都是当地知识渊博的官员、乡贤和学者，还要层层送审，层层把关，比民间出版物具备更多的官方性和严谨性。地方志书是历代学术机构最为倚重的工具书，作为普遍认可并频繁引用的官方出版物，成为研究乡土文化的重要依据和资料来源。

在漫长的历史变迁中，不同乡土文化所属的地域范畴，其地理名称大多经历变动。应按照地域历史发展脉络，追溯寻找历代出版的各种省志、州志、县志、镇志、村志等地方志书，特别是明清、民国、新中国时期的乡土地理历史志书进行学习研究。从地方志书上，可以系统地获得当地乡土文化的分类、特色和内容，从中寻找与本村居、镇街、县区相关的地域文化古迹、历代乡贤名人，查找有关名景名篇、匾额诗句、碑记石刻、人文故事作为研究资料。明清以来的地方志书，可以提供更为详尽的描述，是研究地域乡土文化的宝贵资料。

这种以行政区划命名的志书，需要做到全面均衡，面面俱到，从地域变迁到行政归属，从地方历史到风土民俗，从乡土物产到知名人物全面涉及，但限于篇幅，只能提纲挈领，缺乏详尽的阐述。同时，受到古代经济文化发展水平的制约，加之各种文书资料的保存不易，民国以前的诸多文史资料，在地方志书上仅记载寥寥几句。涉及镇村一级，多为空白，加之编者水平参差不齐，难免掺杂个人观点，也存在很多遗漏和盲区，需要更深入、更细致地搜集整理，可以借鉴相近地域志书进行参照、补充或者甄别。

目前，地方志书一般每二十年编辑出版一次，记录了当代社会经济和文化民俗的发展变化，学校可根据教育教学需要，选择不同年代时段的志书使用。

二、行业志书

行业志书是记录特定地域或者某一行业在一段时间跨度中，与之有关的信息资料的志书。所以，要专题研究某一方面的内容，可以寻找与之相关的行业志书，进行更详细的拓展研究。

人物志、乡土志、地理志、地名志、教育志、民俗志等行业志，是地方行政志书的深入和细化，一般通过年代顺序，将人物、事件逐一列出，丰富、细化地方志书内容，补充更为翔实的资料，供对照使用。

三、地方读物

在不同的历史时期，各地都有热心传承地域文化的官员学者、乡贤人物，从不同角度写下地方诗词歌赋、人文史料、杂谈轶事。当前，各级地方史志档案部门征集、撰写、出版的历史、地理、人物、年鉴等专题系列，又在行业分类志书基础上，补充了更为丰富的地域史料内容。同时，各种乡土地理、特产风物、传说故事、民间习俗的书籍资料都可以选用，作为构建乡土教育体系的基础素材。

清代末期、民国时期、中华人民共和国建国初期、二十世纪八十年代末九十年代初，各地教育部门也组织编写过《乡土历史》《乡土地理》《可爱的家乡》等地方乡土教材，可以进行参考使用，并根据地域范畴、具体需求进行借鉴和提升。

四、网络补充

此外，借助各种专业图书馆，进行数字化查询，更为广泛地搜集和获取有关地域或行业的历史资料、图纸照片等，作为对地方资料的查缺补漏。同时，通过网络搜集，寻找购买方志年鉴、书籍证书等实物和资料，补充本地散失的纸质资料和实物资源。

"纸上得来终觉浅，绝知此事要躬行。"在研究乡土文献和搜集实物资料上用心用力，假以时日，逐渐积累起乡土文化的丰富史料，还原地域文化的历史面貌，为研究和复兴地域乡土文化、追寻传统文化根脉和弘扬传统文化奠定厚实的基础。

新乡土教育的考察与选择

"百闻不如一见。"立足地域特点,结合教育实际,广泛搜集相关志书和行业读物,乡土教育的知识体系得以基本梳理,但理论知识和教育实践之间需要知行合一的全面衔接。根据前期整理的图文资料,进行相关的实地考察验证、教育实物征集,对乡土教育项目和课题课程进行选择与整合,追寻乡土文化的真实记忆,避免出现不伦不类、浅尝辄止的状况,实现新时代乡土教育活动的效果最优化。

一、实地考察,立体感知

(一)一个博物馆就是一所大学校

根据学校确定的乡土文化教育主题,就近参访相关的博物馆等专业机构,通过观察学习博物馆专业的图文介绍、虚拟的场景再现、真实的历史实物,获取直观体验,弥补抽象认知,得到相关触动和灵感。

相比大城市,很多地方对博物馆的建设和使用不够重视,现有博物馆的专业性和使用率偏低。在实地考察过程中,要注意同类展馆的横向比较和纵向对比,从中遴选整合乡土教育专题需要的历史脉络和实物资料。

(二) 一座老社区就是一个民俗馆

选择具有典型乡土特征的老村落、老街巷，进行乡土调查、问题访谈、实物搜集、遗迹考证，照片和视频资料拍摄，便于记录、研究、复制或重建。每个老村落、老街巷，其选址缘由、规划布局、建筑样式、功能分区等等，具有浓郁的地域特征、乡土特色、人文寓意。每个村落、每个家族的迁徙、定居和发展，都或多或少受到政治、经济、自然、战争等外界因素的影响，留下深刻的时代烙印。

(三) 一种老手艺就是一门综合课

俗话说："三百六十行，行行出状元。"中国社会经历过几千年自给自足的小农经济时代，以基本的衣、食、住、行为主线，产生了众多依附于乡土资源、服务于乡土生活的各种行业。不同的自然环境特征孕育不同的乡土动植物，不同的地域特产造就不同的关联产业，形成产销聚居的村镇和市场，带动了社会经济的全面发展，形成了不同的人文性情和风物特产。

地方中小学校，除关注本地知名的非物质文化遗产外，更要关注小众的乡土手艺，其产生、发展、衰败的过程，就是一段鲜活的社会发展缩影，能让乡土教育的内容从单纯的手艺学习，拓展到立体的社会认知。

(四) 一处古遗迹就是一处文史馆

在乡土文化的寻访过程中，可以根据各种史志、杂书的记载，查找本地乡贤名士创作的诗文杂记、书法绘画、匾额题壁，寻找本地历代文庙书院、名人故居陵墓的建筑碑刻、摩崖雕塑等历史遗存。

根据年代脉络和资料记载，实地考察周边的教育文化古迹，通过开展乡土调查，获取翔实资料，了解其选址缘由、建筑样式、地域风格、内外功用、象征寓意等等。寻访乡贤名人生平故事，还原地域发展历史，熟知乡土故事，倡树乡土人文精神，这才是追寻地域文化的目的所在。

二、实物征集，原汁原味

（一）一本古旧书就是一本文化记

一本乡土书籍，其材质选择、刻制方式、装订方法、编写缘由、书局堂号、作者故事、创作背景、撰写过程，无不与当时的经济社会发展息息相关。乡土诗文里的配图与文字，引领读者穿越乡土时空，在依稀尚存的山水之间，寻觅故乡的前世今生。

（二）一个老物件就是一部民俗书

在乡土工艺制作的寻访过程中，要将其中的地域特色寻觅出来。同类的民俗物品，不同村居、不同商号、不同匠人在原料、材质、工艺、造型等方面，存在或多或少的差异。要与时间赛跑，多方寻访老艺人，记录真实的文字与影像，了解纯正的原料与制作。古代民间艺人所具备的工匠精神令人赞叹，各种器具、各种细节展示出的艺术性、简洁性、实用性令人叹为观止。只有全面了解地域民俗物件的演变发展，才能深入理解乡土社会经济文化的演变历程。

（三）一群爱好者就是一个资源库

在乡土资源的实物探寻过程中，多请教当地史志部门、文物部门的专业人士，多寻访热心乡土文化搜集和整理的业余爱好者，他们掌握众多乡土实物资源，可以根据需要进行征集研究。通过前期调研，根据教育需求，列举具有鲜明地域特征和乡土教育意义的实物清单。根据人力物力所及，尽可能按照历史真实场景，广泛搜集涉及专题所需的原料、工具、成品等，适时、适量、适度地进行地方文化教育实物的搜集，便于复原展示其产生、发展、变化的全过程。

选择实物时，要突出代表性，注意甄别真伪、剔除杂项，选择代表地域特征的物品；要突出专题性，按照研究专题寻找相关实物进行佐证，不要使无关而散乱的民俗用品掺杂其中，滥竽充数；要突出地域性，最好是带有本地地名、人名等印记标识的实物，即使残缺不全，仍是地域独有的文化产物；要突出系列性，尽量把同一专题的实物从点到面搜集齐全，把相关实物的不同品种搜集齐全。

此外，当地村野之中无人保护的历代碑刻石雕以及各类建筑构件，如果具有明显地域特征且不属于文物范畴，在现址不便于保存或者面临损坏的状况下，可以与属地部门协商一致，在学校进行合理安置保存，成为师生耳濡目染的教育资源，丰厚校园文化环境的历史内涵。

三、分层应用，课题展开

（一）受众区分

各种乡土教育资料和实物准备好，随即进入学以致用阶段。不同年龄段的青少年学生，要根据其学段进行分层教学。幼儿、小学生以形象思维为主，可以从地域民间故事、民间玩具、民间风俗入手，进行直观学习、制作展示；而初中、高中生处于形象思维到抽象思维的过渡和形成阶段，则要提升教育专题的层次和档次，可以从地方景观碑记、诗文名篇里，选择全文或者摘取精华部分进行专题研究和学习展示，传承乡土情感和家国意识，树立正确的人生观和价值观。

（二）专题遴选

围绕青少年身心发展的需求，进行乡土教育专题的展开。从当代最缺少的劳动体验层面、最需要培植的传统道德层面入手，选择搭配相关教材和实物，按照从形象思维到抽象思维的顺序，选择适合研究和弘扬的点和面，丰富地域文化特色的内容和体系，实现"人无我有，人有我优，人优我特"，展现乡土教育的独特魅力。

（三）课题展开

经过资料搜集、分组研究、遴选思考，选取具有典型乡土特色的教育主题。根据参与人员的专业特长，进行理论学习、实物感知、实践操作，逐渐熟悉、逐步推进乡土文化教育，获得丰富实践经验，培养优秀师资团队，开始新时代乡土教育的校园文化、课题课程、德育教育等具体项目的分步构建和推进实施。

第二章

新乡土学校的规划设计

新乡土学校的视野与导向

"不识庐山真面目,只缘身在此山中。"有经验的教育工作者走进一所陌生的学校,会从学校建筑、校园文化、常规管理、课程课堂、师生活动等方面,寻找这所学校的办学内涵、学段特性、办学思想、办学特色、地域特征、教育成果,等等。

如果从建筑到校园、从外观到内部、从课程到社团、从教师到学生,观察不到所处地域的人文特征、所处学段的办学特色,那这所学校就缺少自己的个性和灵魂,成为千篇一律的复制品,如同当下流行的仿欧式校园设计,不土不洋,无法给予师生需要的乡土文化味道。

费孝通先生笔下曾经的"乡土中国",如今正在飞快地变成"城市中国"或"全球化的中国"。新时代乡土教育的实施,要换位思考,由外而内审视学校的历史、现状与需求,进行学习思考和研究实践,还要放眼外部世界、顺应发展趋势,为师生营造适宜的教育氛围、培植多元的人文底蕴。

一、具备国际视野

当前,世界各国普遍重视对国家和民族传统文化的挖掘和弘扬。例如,欧洲各国对本土建筑风格、民族服饰和生活方式的尊重与传承;韩国深受中华文化的影响，食具上大多带有"身土不二"四个字，本国牛肉等国产食材的价格要远高于进口的同类食品，处处体现对本土饮食文化的喜爱和对传统人文礼仪的重视。

日本作为岛国，其社会发展较少受到外来战争等因素的破坏，从建筑风格到园林景观，从服饰妆容到歌舞表演，从茶道文化到礼仪文化，全面系统地学习、传承和发展了源自中国唐宋时期的文化艺术风格。日本学校的设计建造和课程活动，也体现了与乡土材料的充分融合，很多学校的操场至今仍是采用农田、河滩的下层黏土、风化花岗岩和河沙制作的原生态场地。

一些外来移民成为当前居民主体的国家，也在反思和改进对原住民文化的保护传承，研究与借鉴千百年来原住民与当地自然和谐共生、身心相适的奥秘。作为移民国度的新西兰，欧洲移民后裔普遍接受原住民毛利族的战舞等传统习俗，以此进行身心情感的释放表达。

重视乡土文化的研究和传承，并不意味着学校办学方向的本地化、狭隘化，而是为了更好地传承各地不同的乡土文化，促进不同地域、不同人群之间的理解、包容与尊重。在挖掘弘扬乡土文化方面，中华文明相对于西方世界，具有更加悠久的历史和更为丰富的资源。

当前，要吸取发达国家在乡土文化保护和传承方面的经验教训，避免和减少诸如生态环境先污染后治理、历史建筑先拆除后重建等现象发生。很多小众的乡土特色文化一旦消逝，伴随的是材料、工艺、匠人的同步消失，其完整步骤和创作方式就很难得到原汁原味地重现，会失去充满历史厚重感的材质造型、工艺特征、地域味道。

拥有五千年文明史的中华民族，经历了近现代无数乡土建筑和历史古迹被各种原因损毁的痛苦反思。如果不及时觉醒和行动，仍不重视对仅存的地域文化进行保护挖掘、传承应用，那么等最后的尚有传统乡土生活完整体验的一代人离开之后，乡土文化就会丧失最后的口耳相传的机会，后代只能在书籍和影像之中寻找零碎的乡土记忆。

如果将"爱我乡土"当成一种自觉的文化态度，那么地方中小学校应当在全球视野中，反思自身在乡土文化重建中的角色和作为，发挥学校在乡土文化复兴中的启蒙和引领作用，逐渐消除对乡土文化的无知与轻视，让师生成为乡土文化的守护者和传承者。

二、跟随时代发展

乡土文化传承不排斥发展与创新，它伴随时代进步不断进行融合、应用和提升。例如中国传统诗词短小精悍、寓意广泛，适合当下互联网时代的快速刷屏阅读和短小图文应用的习惯。当前，对古代诗词的学习欣赏从纸质媒介转向了移动媒体，改变的只是展示载体，不变的是中国人的内心感悟，实现了传统文化在不同时空的适用与发展。

当前，人们的物质生活逐渐得到满足，开始追求精神上的享受。近几年，央视《中国影像方志》《舌尖上的中国》等地方文化系列节目广受欢迎，其对乡土文化进行全方位展现，让人们感受到了地域文化的独特魅力。

乡土文化传承要活在当下，在乡土文化和地域精神中汲取发展的源泉和动力。江苏等省市的经济社会发展之所以后劲十足，就得益于重视保护和挖掘深厚的乡土文化资源，在地域文化的研究和弘扬中获得不竭的发展源泉和智力支持。

三、弥补师生需求

有人认为，中国的孩子们长大后有两个问题：第一，没有愉快的童年和少年时光；第二，没有自己的思想。当下，由于生活节奏的加快、居住环境的变化、学习压力的增加、电子产品的侵袭，青少年用于乡土生活体验的时间和精力越来越少。

长此以往，新一代中国人对传统乡土文化容易变得一无所知，甚至会嫌弃和逃离，更谈不上认可与接受、传承与弘扬。乡土文化教育传承的缺失，会导致青少年与所在地域之间缺乏互动和交流，对家乡与他乡的概念缺乏对比和认知，严重影响青少年乡土自信心和家国自豪感的形成。

学校是最佳的地域文化传承地，教师是最好的乡土文化传播者。当前，师资在不同地区之间流动性增强，很多选聘的年轻教师来自外地，缺乏对当地乡风民俗、人文风情的认知，大部分年轻教师本身缺乏乡土生活体验，导致乡土文化教育出现师资断层，很难进行相关教育资源的开发和利用。所以，很多学校的乡土教育课程项目既缺乏开发者，也缺乏实施者，即使勉强开设起来，也是敷衍了事、难以为继。

课堂是乡土文化教育的系统实施场所。目前，青少年在影视节目、文学作品和网络游戏等的影响下，获取了传统文化的浅层体验。学校通过对乡土教育体系的全面构建，可以推进师生对地域文化要素进行深入了解，在校园设计、文化建设、课程实施、师资培养、社团活动中，不断调整、提炼、实践。通过知识学习、校园熏陶、学科拓展、综合体验，学习地域文化知识，传承乡土传统美德，掌握乡土生活技能。

四、凝聚师生人心

目前，城市化的进程加快，导致乡村学校不断萎缩和合并，而城区学校则不断新建和扩充。无论是多校合一还是新建学校，都需要尽快形成一致的办学理念、共同的价值认同和积极的精神理念，将来自不同学校、不同区域的师生顺利地融合在一起。

多校合并的学校，要结合乡土教育传统，根据当地师生的思维方式和处事习惯，整合各校原有的资源和特色，以地域文化精神来凝练，达成一致的办学理念和办学方向，形成新的学校精神和办学思想。

新建学校的办学思想即"三风一训",要让师生易于接受,便于尽快形成学校的凝聚力和向心力,成为共同的价值导向和行为规范,促进师生行为从自发走向有序。只有实现内化于心,外践于行,才能在激烈的城乡学校竞争中获得生存和发展,形成本地家长和社会认同的办学品牌。

五、传承学校底蕴

学校管理者要静下心来回望、审视和探索这所学校的人文历史,任何人都不能盲目否认、随意推翻和擅自改变原有校园风貌和历史传统,而是进行合理调整、传承发展,让不同年代的校友重回校园时都能够找到自己曾经的记忆,看到母校有温度、有传承的发展,这才是一所地方学校的持久魅力所在。

乡土学校的发展变化和师生性情的培育形成,深受所处地域文化的影响,学校教育的影响又对乡土文化的发展起到推动作用。地方中小学校要培植和提升办学特色,必须要寻找乡土教育根脉,实现乡土文化与学校教育的有机融合。

地方学校要立足本地本校实际,在当前城乡重视和推动地域文化传承的形势下,围绕教育主题,取其精华、去其糟粕,成为新时代乡土文化的参与者和引领者。

六、彰显学校特色

古代文人与工匠的专注力和专业性令人赞叹,其文学作品和工艺产品的精细度、艺术性,是历经数十年甚至终其一生的学习实践而来的,古人能将一件事做到极致,又恰到好处,实现实用与审美的统一平衡。乡土文化的形成历经千百年,依托乡土地理与人文融合,符合人群发展和社会需要,经历家族相传、师徒相承,通过反复提升、厚积薄发,方能流传至今,具有顽强生命力和感召力。

当代社会生活节奏加快、事务繁杂，加之多媒体信息时代造成的精力分散，今人很难像古人一样专注地去做好一件事。一所学校想要真正在乡土教育领域做出成效，需要付出大量的时间和精力，才能为师生提供优质的教育资源和系统的实施途径。

当前，各中小学校要立足国际视野，跟随时代发展，结合学段特点和师生需求，对乡土文化进行全面研究和深入挖掘，甄选出"人无我有，人有我优，人优我特"的地域特征。将乡土文化资源全面应用在校园文化、校本课程、社团活动中，方能彰显地域文化特色，丰厚学校人文底蕴，展现出"百花齐放、百家齐鸣"的繁荣景象。

新乡土学校的推进与策略

在满足各级办学规范要求的前提下,地方中小学校要因地制宜,逐步推进新时代乡土教育。在具体规划和应用过程中,要立足学校现状和师生需求,注意步骤与策略,以保障乡土特色教育项目的顺利推进。

一、内外支持

当前,由于各地对乡土文化教育的重视程度不同,加之当代人群的居住环境和生活方式发生了巨大变化,导致乡土文化传承出现了体验缺失和年龄断层的情况,长此以往,容易让人产生对乡土文化的轻视和漠然。以往的社会生产与民俗生活会被认为已经不合时宜,甚至被视为狭隘与落后的时代产物,远不如教育硬件的更新换代、教育名词的标新立异更吸引人。况且,个体之间的成长经历、认知水平和文化修养存在差异,造成部分人群对乡土文化的传承与弘扬产生误解,甚至出现争议。如果得不到各级部门特别是教育内部的支持和理解,乡土文化教育的传承和创新工作将很难开展,甚至会进入进退两难的尴尬境地。

要积极争取各级政府及教育部门的支持,通过营造校园育人氛围、开展课程课题研究、进行成果展示活动等,展现乡土教育在师生成长过程中的积极促进作用，推动各级各部门充分了解地域文化保护与传承的意义，认识到乡土教育在树立乡土文化自信、培养家国情怀、推进乡村振兴和城镇发展中的重要作用。

二、因校而异

新建学校的设计要立足所处地域和生源范围，全面渗透乡土文化因素，进行整体规划和预留空间的准备。在具体建设和改造过程中，学校要及时跟进，不断调整改进、完善提升相关设计和建设方案。老旧学校的改造要立足实际，结合校园校舍的整改项目，采取分区推进、逐楼改造的方式，逐步实现乡土文化因素在校园内外的全面渗透与立体展现。

师生是学校的主人，多方听取教职工的意见建议，换位思考学生的期盼希望，了解师生对硬件设施、教育环境、文化氛围的需求，在校园建设、绿化美化、文化构建、课程设计、社团活动中逐步满足。加强师资培训和专业引领，推动教职工广泛参与乡土教育的资源挖掘和课程开设，在对乡土文化的重温和体验中，支持与认同新时代乡土教育项目的实施与推进。

三、因地制宜

中小学校立足本校人力、物力实际，利用本土资源和传统工艺，营造乡土建筑和校园文化，合理选定乡土教育项目，开展弘扬地域文化的课程和活动，举办乡土文化艺术节、体育节、劳动节等，及时推广乡土文化的教育成果。多方争取上级和社会投入，为乡土课程活动的实施拓展更大的平台，发挥优秀传统文化在当代的教育功用和时代价值。

四、项目结合

争取中央级、省、市级少年宫项目，将乡土文化融入相关场馆建设和课程社团活动之中，做好馆校结合工作，获取相关资金扶持。了解当地非物质文化遗产的现状，聘请传承人到校开设相关课程。积极参与各级社科联的相关项目、申报各级教育部门的立项课题和改革项目，为各级部门提供各类教育活动基地，在相关教育项目实施中提升学校全面工作，提高师生综合素养，为传承弘扬乡土文化做出应有的贡献。

五、突出中心

在乡土教育项目的规划和实施过程中，坚持围绕教育教学中心，优先解决师生需求。项目选择和资金投入，要围绕立德树人根本任务和师生身心健康成长的方向进行；校园文化营造、课题课程设置和社团实践活动，要围绕有利于德智体美劳全面发展的原则进行；要避免或减少涉及教育文化之外的研究项目，集中有限时间和精力，围绕提高教育质量和提升管理水平的目标进行研究和拓展。另外，要把握好国家课程和乡土课程的时间分配，处理好教学活动和社团活动的关系，做到互相促进，互为提升。

六、多方争取

大多数中小学校的教育经费，只能保障基本教育教学活动的开展。在资金不足的情况下开展乡土教育项目，要尽量争取外部人力物力的支持，寻求附近社区企业、名人后裔、历届校友的帮助，采取冠名立碑、媒体报道等方式进行宣传褒奖，让更多的人认识到乡土文化的传承价值，参与乡土教育的具体工作。

七、等待时机

一是等项目。等待学校新建项目、维修改造的恰当时机，提前介入相关项目的规划、设计、建设之中，适时适量加入乡土文化因素。二是等资金。

采取统一规划、局部推进、分步实施的方式进行，不要贪大求全、急于求成，不能超出学校人力、物力的承受能力。三是等思路。坚持大道至简的原则，在等待建设的过程中，进行思考、借鉴、整合、调整，充分预留后续空间，保障乡土文化与当代学校的深度融合和延伸应用。

八、规范细节

一是提前预算。在资金使用方面一定要做好预算，做到心中有数，大型项目要经过集体决议，按规定程序逐步实施，不随意更改或者扩大规模，按照项目计划或者专项资金使用要求进行分配使用。二是严格手续。要按照申请批示、招投标等规定步骤逐项进行，不能出现先行施工、后补手续的违规行为。三是专业施工。不要为了节约资金，寻找没有施工资质的建设队伍，导致缺少技术支持和保险保障，由学校承担不必要的安全风险和质量责任。四是留存资料。要及时记录、整理留存项目的规划决议、申请报告及审批图纸等相关文件，按要求拍摄和录制施工过程的照片视频，做到"一事一档，一事一结"，确保过程规范严谨，做好后期的验收和审计工作。

在乡土教育特色的创建和发展过程中，学校管理者要稳步推进，反复推敲，亲力亲为，在实践中且行且思，随时调整提升，甚至推倒重来，才能保证乡土文化教育成效。

新乡土学校的规划与设计

地域精神对乡土文化的孕育发展有促进作用，乡土文化又体现地域人群的价值取向，深刻影响当地的政治经济文化的发展。乡土学校是地域文化的重要传承场所，中小学校的发展需要汲取乡土文化营养，师生精神气质深受所处地域文化的影响，又为乡土文化的代际传承提供最佳场所和实施途径，两者紧密相连，互为促进。

地方学校应该担当传承乡土文化精神的重任，明确本校乡土文化研究范围，在设计规划、建筑装修、文化营造、绿化搭配、课程体系等方面逐步展现。在学校建设和规划中融入乡土因素，避免或减少当下"假欧式""仿古式"等背离乡土风格、盲目模仿照搬的校园建筑出现。

一、符合办学标准，注重不同差异

（一）符合规范标准

"底线管理＋特色办学"是地方中小学校健康发展的正确途径。底线管理以标准落实为前提，规范办学是特色办学的基础。当前，比较重要的教育建设和管理标准有：国家、省、市、县各级规范化和标准化学校建设标准，义务教育学校管理标准，文明校园标准，师生管理标准，教育工作督导评估标准等。基层中小学校管理者要在学透、落实上述规范标准的前提下，才能开始乡土特色学校的规划设计。学校的规划设计符合各级办学规范、建设标准，可以保障乡土特色教育的顺利推进。

（二）突出育人主业

中小学校的各项建设要将"立德树人"根本任务放在首位。只有立足教育主业，才能彰显办学特色。在校园建筑、文化营造、场馆建设、教育活动等方面工作要始终围绕教书育人主题，不随意扩大延伸学校职能。要把握乡土文化传承的范围和尺度，相关教育活动的设计和实施要做到少而精，不能过多占用师生时间和精力。要全面研究地方史、文化史、教育史、工艺美术史等相关资料，逐步实现地域乡土文化在当代中小学教育中的全面融合与应用。

（三）重视学段区别

要根据青少年的成长和认知规律，思考少年儿童的精神需求和物质需要，注重学段差异，分层推进乡土教育课程活动的设计实施。

幼儿园、小学阶段的孩子正处于心智发育关键时期，经历习惯养成和审美形成的重要阶段。要重视地域文化的直观认知，采用形象演示、亲身体验等方式，开展参观游览、民间游戏和手工制作等形式的课程活动。

初中、高中阶段的青少年，思维逐渐从形象化过渡到抽象化，已具备一定的独立思考和研究拓展能力，处于世界观、人生观、价值观形成的重要时期，可以逐步探索深层次、人文性的乡土文化主题。学校可以通过重现地域人文景观，营造乡土文化意境，给予师生人文熏陶教育；可以通过多学科交叉融合、探究学习、工艺制作、徒步研学、职业体验等方式，引导师生主动参与乡土文化的挖掘和弘扬。

采用渐进式体验学习的方式，从浅到深，逐步推进各学段乡土文化构建和课程实施。通过幼、小、初、高学段十五年的基础教育，可以将当地的乡土文化脉络建立并完善起来，让学生获取多维度、原生态、全景式的乡土教育体验，形成立体的乡土文化认知和传承体系。

（四）注意地域差异

中国幅员辽阔，无论是自然气候、人文历史还是社会现实，各地存在着不同程度的差异，加之战争和灾害带来的人口迁徙和流动，导致不同地域在人文认知、衣食住行等方面不尽相同。在乡土教育的开展过程中，一定要注意地域差异，如果盲目照搬抄袭异地做法，往往会违背本地的传统认知和风俗习惯，让大众产生别扭甚至抗拒排斥的心理。

中国北方四季分明，特别是冬季草木凋零，具有南方不具有的空旷寂寥。北方建筑墙面和廊柱多用红色或者棕色，因为北方冬季气候寒冷，采用红色等暖色，可以带给人们温暖的感觉；而中国南方气候湿热，朦胧葱翠，多采用灰白等冷色搭配，在阴雨连绵、燥热湿闷的天气里，起到心理降温的作用。南北建筑风格也有差异，由于南方雨水多，建筑设计多采用回廊通道，利于通风防潮、避雨排水；而北方沙尘大，气候多变，所以建筑多封闭，便于保暖防尘。所以，盲目模仿或照搬异地建筑风格，往往禁不起时间的考验和审视，其实用性也大打折扣。

在教育考察过程中，如果对其他学校的校园建设、文化内涵、课程实施、活动开展等方面有所触动，准备借鉴学习，一定要深入思考和综合对比双方的地域文化、自然环境、师资生源和经费投入等差异之处，不能盲目地照搬或者借用。

"橘生淮南则为橘，生于淮北则为枳。"校园绿化如大量采用异地品种，会带来很大的种植和养护成本，生长效果也很不尽人意，远不如本土植物经过合理搭配后的效果更好。很多异地植物不能长期存活，很多异地景观迁移到本地后显得不伦不类，究其原因，就在于外来因素如果不经过本土化改造和适应，就无法参与当地地理环境和人文社会的动态平衡，也与本地千百年来长期形成的乡土文化传统相违和。即使是同一地域的植物，由于生长的海拔高度、温度湿度、土壤成分等不同，也会存在移植后水土不服的状况，这也是需要注意的方面。

二、全面参与设计，学校全员参与

（一）提前介入设计

乡土特色学校的建设要注意提前介入设计，全程参与施工。目前，很多新建学校是由政府或者承建单位设计建成，然后交给学校使用，很少让接手新建学校的校长、教职工参与前期设计和全程建设。教育部门和接手学校未参与校建项目的规划设计，无法提出关于学校综合布局、硬件配置、师生发展、教育教学的想法意见，容易出现涉及教育功能、学段差异、师生需求的问题缺陷和设计失误。当前，部分规划设计单位很少去建设现场实地考察，设计过程中也不与教育部门积极对接沟通，导致对当前教育的新标准和新要求不熟悉，只按照通用标准闭门造车，在整体布局、动静分区、功能搭配、安全疏散等方面缺乏耐心细致的思考和规划，容易导致后期需要大量改造调整，造成人力物力浪费的情况。

有些新建学校的校园文化设计也由各级部门代劳完成，往往学校师生还未到位，校园文化载体却已经布置悬挂完毕，处处都是通用型标语和图文，这样看似一步到位，却没有给师生预留积累空间和凝练余地，学校自主办学的精神无处展现，乡土文化教育特色的建设更是无从入手。

"隔行如隔山。"地方中小学校的自主办学精神、师生个性成长、乡土精神凝练、教育成果展示等，不能完全交给文化设计公司代劳。作为教育行业之外的设计单位，不可能深入全面了解当下的教育导向、学段异同、师生现状，等等，导致不同的校园文化设计只是在材质和创意上有所不同，但实际的教育效果却反应平淡、差强人意。所以，文化设计单位虽然可以弥补学校在细节和美化方面的专业不足，但只能是助手角色和辅助作用，不能代替学校师生构建办学思想和文化体系。中小学校作为校园的使用者和管理者，应该在校园文化设计中起主导作用，而不是交给文化公司代为完成，甚至让其代替学校管理者的深度思考，打造脱离师生需求的各种管理体系、课堂模式、办学特色和教育主题，这样的规划设计无法展示学校真正的灵魂和特色，只会成为套娃式、雷同化的校园复制品。

学校校长和分工人员要亲自参与学校的整体规划和具体实施，特别是教学、实验、活动功能区和相关功能教室的设计搭配，要根据各级标准规范和师生实际需求，提出相关的注意事项和详细要求，为未来发展提供充分的预留空间和超前规划。譬如预留未来生源增长需要的功能用地、设置地下或立体停车场、预留家长接送安全疏散延伸区等等。在学校具体设计和施工过程中，为保持风格和色调的统一，尽量不要把同类项目分包给不同的单位，因为不同的设计师和施工队伍，各自有不同的设计理念和施工思路，或多或少会出现不统一、不协调的情形，无法实现对校园文化风格的统一把控。

通过积极建议、争取支持，学校团队提前介入校园整体和局部的设计与施工，可以及时预防、纠正各种失误和不足，在建筑空间和设计布局中满足教育标准、学段差异、师生需求，在造型和配景上体现出乡土文化特征，实现师生为主、育人为先、协调统一、安全实用、动静分区、古今交融的满意效果。

(二) 教职工全员参与

校长主导。面对陌生的工作领域，校长和分管人员可以采取"用以致学"的方式，即在遇到具体问题时，寻找购买相关专题图书进行比对学习。既要选择教育教学理论书籍，还要包括地方志书、人文故事等乡土文化资料，甚至包括地方建筑类、装修类、园林类等方面的书籍。经过专题甄别学习，进行相关实践摸索，全面提高学校管理者的标准规范意识、审美鉴赏水平、实地操作能力，在学校规划设计中激发思维碰撞，提出独到的认知见解，对规划设计和施工要求进行科学、正确、合理的指导。校长负责整体风格的把控，从色调搭配、大小比例到风格材质的选择，亲自参与设计和实施。对于批量实施的教室改造等项目，可以先试验样板区、样板房，经过师生体验修改，然后全面推行，避免后期整改或推倒重来，造成人力物力的浪费，或者因为点与面的不和谐影响整体效果。

师生参与。召集并遴选有一技之长的教职工，积极参与校园整体设计和具体施工，获取重现乡土人文历史的自豪感和荣誉感。比如书法教师参与学校各种匾额书法的设计和布局，美术教师进行校园亭台楼阁的设计和彩绘，语文教师进行乡土诗词歌赋的整理与释义，数学教师进行古今计算方式的比较研究，物理教师研究地域劳动工具的发展智慧，生物老师进行乡土动植物的校园培育与研究……学校教职工可以根据自身专长、兴趣爱好、成长经历，参与地域课程开发、乡土手工制作、校园绿化美化等方面的工作。本校教师在时间上更灵活，空间上更方便，有利于开展乡土文化的深入研究、教育教学、课题延伸、实践活动、改进提升等工作。广泛请教和汲取社会教育资源，聘请非物质文化遗产、地域文化研究的学者和工匠作为补充师资。

乡土文化学校的规划与建设，由本校师生亲自参与，既能充分发挥个人专长，也有利于调动教职工参与乡土教育的积极性和认同感，全面保障学校乡土教育的有序推进，营造师生赏心悦目的工作环境。

三、原汁原味传承，古今融合发展

（一）传承经典

要用历史穿越的眼光，去审视乡土文化实物所体现的时代背景和地域审美。在具有五千年文明史的国度里，不要轻视古代文人匠人作为设计师和创作者所展现的艺术素养和工匠精神。地方学校老旧校园的提升改造，要在新建建筑与原有建筑之间进行色彩材质的合理衔接与过渡，实现整体风格一致。新建学校也是如此，要注意校园风格与周围民居的区别和统一，既要体现教育特色，也要彰显地域风格。

开展礼仪、民俗类乡土教育项目，应该原汁原味地保留、传承和弘扬乡土文化特色，不要蜻蜓点水、浅尝辄止，将其割裂化、碎片化。受当前的社会发展和人力物力限制，有些地域传统方式已经失传甚至无处寻觅，可以查阅相关书籍及实地考察，借助网络搜寻学习，尽量做到历史实物和真实场景的再现，避免乡土文化传承成为不古不今、不伦不类的浅层表演。

乡土学校进行校园建筑或者古迹复原的时候，一定要注意修旧如旧，使用老材料老工艺，按照原有的形制来进行复原。有些地域工艺已经失传或者原料已经无处供应，进行合理改造也未尝不可，但一定要把握尺度，切忌画蛇添足，要时刻谨记大道至简的原则，不忘乡土文化精神的朴实本色。

（二）弘扬创新

传承和弘扬乡土文化要"活在当下"，注重与当代的社会文化发展相融合。要结合学校实际，做到古今交融，古为今用。譬如一百多年前北京大学的前身——燕京大学的设计，由美国建筑师亨利·墨菲主持进行，他根据近代大学应有的设施和功用，采用中国古典建筑形式和造园艺术的手法，从大门到教学楼外形均参照中式传统建筑风格，但整体结构则采用钢筋混凝土，并配以现代化的内部水电暖管道，实现传统建筑外形与内部现代设施相互融合，既兼顾传统风格，又与时俱进。再如故宫、敦煌等知名景区的文创作品，如飞天造型灯具等，做到尊重传统与当代需求的有机结合，受到人们的喜欢和认可。

（三）执着坚守

学校管理者要坚守乡土教育文化传承，珍惜历任管理者和师生留下的显性和隐性成果，切忌全部推倒重来。要在前人的基础上顺势而为、延伸发展，在传承中提升改进，保持住好传统、好做法。当代中小学校要尽量保护校园内外的老墙面、老校门、老树、老路、老景，如果遇到不可抗因素，尽量做好原样修缮和异地复建。通过保护校园古迹，坚守学校传统，乡土教育文化能得到更好的延续和发展，使学校成为乡土文化的学习传承、弘扬传播场所。

中小学校乡土教育的全面推进，需要学校管理者亲自参与和引领，围绕师生的全面需求，历经反复思考与琢磨，不断建构与推进，不停实践与反思，经历失败与成功，最终实现由量变到质变的升华，真正植根于乡土之中，展现乡土特征，传承地域精神，成就"处处顺眼而不违和"的新时代乡土特色学校。

新乡土学校的布局与分区

古代文庙书院是乡贤学者的读书和讲学之处,当代中小学校是乡土文化的传承和教育中心。地方文庙、书院、学宫的设计与功用,蕴含着千百年来地方文人学者对教育建筑的重视、尊崇与应用,古代建筑师和工匠就地取材、因地制宜、巧妙施工,其整体布局、功能分区、氛围营造,特别是教育功用,对于当代地方中小学校来讲,有很多可供借鉴之处。

乡土学校的规划与建设,要突破当前教育建筑盲目西方化、校校雷同化的设计误区,破除行政化、程式化的约束局限,在校园建筑布局与功能分区之中实现传统与现代的结合,建设具有浓郁乡土风格、实现审美功用合一的温馨校园。

一、整体布局

在很多地方志书中,特别是明清时期的州志、县志里,一般都有各时期学宫文庙、书院学堂的平面示意图。各地文庙基本上都是按照曲阜孔庙的形制,结合当地的地形地貌设计修建的。从相关志书上寻找古代教育场所的各种描述,考察其遗址并进行对照印证,可以了解设计的初衷和教育的功用。虽然古代建筑的布局与分区、功能和用途与当代有所区别,但其规划设计在当今来看，仍不失科学性与实用性。

（一）顺应地势

古人推崇"师法自然"，要尊重和顺应教育场所原有的地形地貌和自然形态。各地的文庙、书院和学堂，一般都建在村落、城池的自然高地，以彰显尊师重教的优良传统。依据学校所处的自然地貌，在满足教育功能和活动安全的前提下，按照"小中见大、实中求虚"的传统园林营造手法，实现教育建筑与周围环境的协调统一，实现和谐自然、错落有致。

（二）轴线统筹

中国的古建筑群强调"坐北朝南，殿宇接天"的中轴线设计。古代书院、学宫的建筑布局多采用几何形中轴对称，这种布局能实现秩序感和功用性的统一，有助于创造庄重肃穆、统一协调的空间境界。新建学校可以规划纵横交叉的南北和东西两条主轴线，成为学校布局的主轴线，通过分支轴线再将校园内的各类建筑统一为一个有机整体，实现局部与整体的融合连贯。传统式轴线布局在造型上、空间上，都呈现出左右均等、中轴对称布局，既符合乡土传统审美观，又兼具出入方便实用性。

（三）品字布局

中国传统院落的组成，是由若干栋建筑单体与墙廊，分别围合成二合院、三合院、四合院。"品"字形的中间是最高的建筑主体，两侧建筑要低于主体建筑，做到主次分明。每一院落为一"进"，若干"进"沿纵深轴线串联，称为一"路"。"品"字布局既有利教学、方便生活、易于管理，又便于设置校园山水景观和园林绿化，可以实现出入方便、规划有序的效果，是中式建筑的独有格局。

（四）廊院连接

廊院式布局，是在南北或东西轴线上布置主要建筑物及其对面的次要建筑，再在院子左右两侧用回廊将前后建筑围合起来。书院等教育建筑一般采用廊院式布局，人走在其中，可以"雨不湿足，日不曝首"。回廊内外空间流通渗透，追求与自然亲近。在构景手段上，使用借景方式，营造山水小品，搭配梅兰竹菊，间以廊架爬藤，别有一番意境。

二、功能分区

古代书院、文庙和学宫按照祭祀、讲学、居住等功能划分相关区域，确定房间朝向，注重动静分离、氛围营造。地方中小学校的规划可以参考当地古代教育场所的布局，根据气候特点、地形朝向、教育需求来进行优化设计、精心搭配，合理进行教学区、实践区、办公区、服务区、运动区等功能设置，增加停车场、接送区等满足现代需求。

如果是在老校区基础上进行改造，一定要立足实际，合理调整，预留空间，实现分区到位、动静相宜。新建校舍一定要充分考虑所处地域的建筑风格和师生需要，做到充分预留，满足将来教育教学和生源变化的需求。

（一）实施需求分区

校园分区要围绕师生需求展开，根据校园的方位朝向和实际面积确定方案，实现本校师生及外来人员识别快捷，出入方便，距离适当。地方中小学校按功能设置分为教学区：综合楼、教学楼、实验楼、艺体楼、图书馆等；办公区：办公楼、教研室、文印室、档案室、报告厅等等；活动区：绿化区、游戏区、景观区、运动场等等；服务区：厕所、宿舍、餐厅、停车场、水电房、工具室、垃圾转运区、家长接送区等等；成果展示区：校史馆、德育展室、荣誉室等等。

（二）实现动静分区

艺体楼、运动场等要与其他功能区分开，特别是音乐、器乐教室要朝向非教室区域，操场和球场要远离教学区域，以免相互干扰，教学楼、宿舍楼、图书馆等要尽量远离临街区域和主要道路。

（三）注意采光分区

过于高大的树木，不宜种植在教室附近，要预测其最大遮光区域，保证课堂采光不受影响。教室、报告厅、体育馆要尽量朝南向设置，保证光线充足，特别是北方学校，有利于冬季自然升温和墙体保温。

（四）做到安全分区

车辆和人员分门分流而入，停车场要远离教学区，校车停车位置朝向要精心设计，保障学生下车后无需绕行，避免进入车辆行进区域和倒车盲区。校园内外要合理规划设置人行道、车行道、等候区、消防通道和疏散通道，做到标识清晰，指向准确。由于青少年处于身心活跃时期，山水景观要设置在校园的显眼和必经之处，以便于发现安全隐患并及时处理。

校园内外要减少地空障碍。师生通行区域要尽量减少台阶台面、坡地斜角、树坑围沿、道路边沿、雕塑小品、花池围栏等地面障碍，确保师生畅通无阻。地面的花草树木，空中的下垂树枝、线路设备都要远离师生的行走跳跃等活动区域，变压箱体、电杆拉线等电力设施要外套警示杆或使用安全围栏。

（五）预留发展分区

学校规划分区要符合并适度超越当前规范标准，根据覆盖区域的人口增减趋势、对未来十年甚至更长时间的生源增减做好评估，以此估算教育教学用房、餐厅、宿舍、公厕、停车场、运动场、绿化区等面积需求，保证学校未来发展拥有足够的预留空间。

三、有机整合

地方学校的功能室配备和活动区设置，可以进行交叉与整合。当前中小学校的校舍面积及使用要求，要满足各级教育部门颁布的标准规范。在有限的空间里，把乡土文化功能融入各学科教室之中，就需要进行相关功能室的整合与利用。

（一）功能教室整合

研究各级办学规范和标准要求，将相关功能室进行合并和拓展，便于一室多用。比如书法和美术教室合用，科技教室与技术教室合用等，尽可能满足各种检查和验收的要求。

（二）项目活动整合

将少年宫场馆、学科功能室、社团活动室进行有机整合，实现一室多用、一区多能。比如安全教育体验馆是安全教育基地，也是学校通用技术教室、科技活动室，又是少年宫安全教育场所；百鱼池、百花园等生态教育园地既是综合实践课程、劳动教育课程的养殖种植基地，又是生态研究社团的一部分，还能承担室外为师生心理疏导的功能。

（三）绿化区域整合

当前，校园人均绿地面积和总体绿化比例都有相关标准要求。要按照功能分区的采光或遮阴需求，再根据地方树种的民间习俗认知，选择古代书院、文庙种植的柏树、松树、朴树、楷树、石榴、榆树等带有各种寓意的树种，减少种植容易产生虫害、过敏原的杨树、柳树、法桐等。要注意校园乔木、灌木、花卉、草坪尽量模拟自然群落进行搭配，实现同类聚群种植。不同高度的乔木、灌木、花草，形成高低搭配，疏密得当，实现由近及远，层次分明。不同树种如果随意种植、混杂补植，容易出现杂乱无章的情形。

地方中小学校基于传统乡土书院学堂设计理念的回归，将在很大程度上纠正当代学校建筑中盲目西化、分区随意、尺度失控、功能欠合理、后期缺预留的弊端，与周围社区环境、家长师生之间建立和谐自然的关系，建成一所规划有序、分区合理、功能齐备、内涵丰富、特色鲜明的乡土特色学校。

新乡土学校的形制与要点

中国传统村镇的居住方式是因地制宜、就地取材、顺应自然、随遇而安。无论是古代的书院，近代的学堂，还是当代的学校，最美的形制是能够依山而建、临水而筑、分合布局、错落有序，这是古代教育建筑中值得当代学校研究和借鉴的因素。

当代西方建筑大师马里奥·博塔参观完故宫之后，说过这样的话："你们没有必要生搬西方的东西，只要把故宫研究透就够了。你看，故宫只有两三种色彩、两三种建筑材料，就是用这么简单的东西就营造出如此震撼人心的建筑环境！"

"形式追随功能。"中国古代书院、文庙、学堂体现的是学习传承教育文化信息的作用，即建筑功用背后的教书育人功能。其形制与要点，展现了中国传统文化中的教育要素，对师生具有潜移默化的影响。

一、校园形制误区

学校是师生除家庭之外的最重要空间，校园应该成为师生喜欢和向往的地方。当前，部分中小学校的规划设计，较少站在教育功用和师生需求的角度展开，导致学校整体设计风格偏于行政化和西方化，存在外观材质、色调搭配的风格混杂。大部分学校的整体设计远离了乡土建筑的材质风格，甚至一些拥有深厚文化底蕴的地区，其教育建筑也与传统乡土样式或地域风格渐行渐远，没有体现学校应有的乡土教育味道。

在设计建设过程中，限于认知能力、设计水平、投资规模和建筑工艺的差距，普通中小学校很难做出欧式建筑或古建筑的风貌，通常显得不伦不类。当前，部分校园文化布局缺少变化和美感，主题设计与图文内容模仿盛行，内外材质和色调搭配混乱平庸，无法起到教育文化场所应有的引领和影响作用，泯然于社区和村居之中，缺少学校应有的感官特征，"学校是当地最美的建筑"逐渐变成了一句空话。

二、传承古代审美

在兼顾师生活动安全的同时，校园规划要体现出层次感和错落感，利用自然起伏的地貌特征，增加山水植被的景观纵深。可以参照描述地方人文景观的志书记载，搜集与当地有关的古代诗词书画场景，审视其中蕴含的地域乡土审美观，融入当今校园风貌设计中。从古文古画对地域景观、书院学堂、读书讲学场景的布局描绘之中，汲取丰富的设计素材和立体构图。通过借鉴地域历史场景，复原乡土教育意境，营造中国传统山水画的平远、高远、深远意境，体现传统教育场所审美与功用的完美结合。

三、融通古今风格

古代书院建筑具有朴实平和的建筑设计和庄重静谧的整体配色，给人以秩序感和向学性。当前，对教育建筑的外观和配色缺乏专门研究与应用，忽略了校园环境育人的重要功用。如果缺乏对历史传承精神和整体风格把控，就会导致同一学校在不同时期出现不同风格的建筑和配景，校园中分布着外观迥异、配色差异、杂乱无章的建筑群，难以给师生美的享受。在满足当下需求和未来预留的前提下，地方学校的形制应该顺应地域审美，赋予教育气息，地域教育建筑风格和园林特色全面渗透于地方学校的形制之中，营造师生身心舒适的学习氛围，实现不同时期建筑风格的协调统一。

四、坚守乡土本色

乡土建筑迁移到异地，也会出现水土不服。比如中国南方的木制建筑搬迁到北方，会面临木质结构的干燥开裂、敞开式厅廊的防尘保洁等问题；北方的建筑搬迁到南方，原用于保温御寒的砖石结构，也会变得闷热、潮湿、不透气，远不如南方竹木建筑透风散热性好。南方建筑房檐外挑，便于雨季遮雨、晴日避阳；而北方干燥少雨，房檐短伸即可实现接雨流水功能，并可以减少遮阳时段，便于建筑冬季升温保暖。

不同地域的乡土建筑，其建筑材料的选择、样式的搭配、功用的区分，都与当地自然气候、物产风俗息息相关。其建筑材质、外观配色、图案花纹都代表当地独有的审美观念和实用功能，是人们在长期的生产劳动和社会生活中思考与实践的结果。对比宋代四大书院中的嵩阳书院与岳麓书院的山门，就可以看出南北建筑样式和外观的地域差别。即使处于同一地域，不同村落和不同师徒营造的建筑与家居样式也有差别，这是古代自给自足、相对封闭的小农经济时代必然产物。

五、尊重历史原貌

古代建筑的形制要尊重历史事实，还原真实面貌。北京国子监的廊柱，近代一直用红漆涂刷，在近年一次彻底大修中，才发现其本来的颜色是黑色。黑色是古代国家最高学府的主体色，彰显庄重而大气。乡土建筑的形制配色在本地顺眼，换个地方可能会感觉别扭。有些地方请来外地工匠，用异地风格复原当地历史古迹，虽然省钱省事，却无法还原乡土建筑的真实风格。乡土建筑的檐壁样式、图腾雕塑、色彩搭配等地域特征，在当地可能是美好的寓意，在其他地方则可能会因为审美观念不同而变得怪异，甚至让人心生畏惧。同样，政府风格不适用于民居建筑，民居风格也不适用于教育建筑。不同的时代，不同的场所，具备不同的形制，形成不同的功用，要追寻地域教育建筑的真实面貌，延续乡土教育场所的传统精神。

六、力求天然效果

很多学校耗费人力物力构建的校园景观，实际效果并不令人满意。当下盛行的水泥假山、造景喷泉、树脂鸟兽、玻璃钢雕塑、不锈钢牌架、石亭木架等校园小品，没有采取地方材质和乡土工艺，导致人工痕迹太重，缺乏真实感和舒适感。中小学校的校园景观，如果背离地域自然风貌，缺少场景过渡和背景衬托，加之管线杂乱、材质混乱、细节裸露，容易给人突兀怪异、眼花缭乱、画蛇添足的感觉。

在山水意境的营造过程中，要尽量使用本地山石，根据自然形态和走向，堆砌乡土山水景观。为避免突兀生硬，可以利用本土花草做景前过渡，使用地锦、凌霄、紫藤等藤蔓植物攀爬遮挡人工痕迹；利用地形高低搭配，密植乔木、竹子、灌木等植物，延伸空间的深度和广度，并有效遮挡凌空线路、周围民居等杂乱背景；利用自然竹木等材质制作展架、提示牌，采用地域风格修建亭廊，并用花草树木等软景进行延伸过渡，与周围环境巧妙地实现统一和协调。

七、实现大道至简

教育家苏霍姆林斯基有一句名言："让学校的每一面墙壁都开口说话。"该名言在校园文化界很是流行，然而却被一些学校误认为要把内外空间都利用起来，用各种主题景观将空间填满、挂满。部分学校楼内、楼外、走廊、教室的各种宣传版面、标语内容，让人目不暇接，用材用色杂乱无章，尺寸比例规划无度。这样的校园文化场景，多不如少，有不如无。

书法理论中有"疏可走马，密不透风，计白当黑"的讲究，其语出自清代书法家邓石如的名言："字划疏处可使走马，密处不使透风，常计白以当黑，奇趣乃出。"其意是有疏有密，有多有少，有聚有散，才有空灵。当今处于知识爆炸的多媒体信息时代，仅靠校园内外有限的宣传版面和内容，远远不能满足师生的多元需求，也无法发挥长久的教育功效。要根据学段不同、校情不同，按照主题少而精、内容接地气的原则设计校园文化体系，并适当留空留白，会使教育意境和应用价值更为深远。

地方中小学校要围绕教育主题，尊重历史风貌，在校园设计的形制把控和构建要点上，充分展示乡土人文特征。通过返璞归真，做到大道至简，从而构建乡土文化体系，传承地域教育精神，实现古今交融，以古励今的教育成效。

新乡土学校的意境与要素

孔子曰："知者乐水，仁者乐山；知者动，仁者静；知者乐，仁者寿。"古代教育建筑所体现出的乡土人文精神、审美倾向，正是历代乡贤学者追求的理想的读书和讲学环境。古代书院、学宫大多建造于山水之间，便于烘托读书氛围，营造优美意境。

校园自然起伏的建筑、道路、绿植都应被赋予教育意义，通过搭配松树、翠竹、腊梅、柏树、国槐、五角枫、石榴、海棠、皂角等历代文人笔下的常见植物，间植楷树、青檀、榉树、朴树、月季、菊花等具有文化寓意的树木花草，穿插具有教育意义的诗文题壁、碑刻匾额、山水雕塑等人文景观，营造"景景有故事，事事皆育人"的校园环境。

一、游山

"仁者乐山"，山地风光可以使人情绪舒缓，身心愉悦。宋代陆游在《自喜》中写道："自喜如今无一事，读书才倦即游山。"在读书疲倦之余，得以登临高处，是古代很多文人墨客排解疲惫、获取灵感的方式。新乡土学校建造者可依据乡土诗文描述或者地方古画描绘，在校园适当位置复原地域名山的景观小品，为师生提供绝佳的身心舒缓和实景研读之处。

二、临水

"知者乐水",意为知者如流水阅尽万物,方能悠然淡泊。近年来,各地为预防学生溺水事件,要求青少年在无成人监护陪伴的时候,不要涉足自然水域。学习压力的紧张、电子产品的侵扰,使学生逐渐失去了对户外活动的兴趣和参与活动的机会。校园内以泮池为水名,建立生态循环水池,既赋予当代学子"入学即入泮"的教育寓意,也催生了整个校园的灵动之气,有效舒缓师生的学习工作压力。乡土生态水池最重要的功用,就是让学生随时接触到生机盎然的自然水域,弥补当下青少年无法戏水捉鱼的童年缺失,培养其对自然世界的兴趣和爱好,保持弥足珍贵的童心与爱心。

三、寻幽

唐代诗人李商隐在《闲游》中写道:"寻幽殊未极,得句总堪夸。""幽"与"静"相通,意指校园是最需要保持安静的地方,学校规划要远离交通要道、集贸市场、商业闹市等喧嚣杂乱之处,为师生营造静谧的建筑空间和园林环境,形成宁静高雅的学习氛围,改变当代校园大多是由生硬水泥建筑和冰冷金属展架构成的现状。

要建立相关审核机制,督促各级各部门减少以各种名义进入校园的活动,减少不必要的考核与评比、各种形式的打卡答卷等活动,减少对学校、师生、家长工作学习的时空干扰。学校要尽量将与教育教学无关的后勤服务剥离出去。如安保、物业、餐饮等,转交给服务机构实施专业化管理,从繁杂的非教育性事务里解脱出来。这样,学校管理层和教科研团队可以将精力和时间集中于教育教学,服务于师生需求,师生能获取更多自主支配的时间,专心致志地进行教学相长的教育活动。

四、舒缓

搭配乡土景观要素，营造绿色生态校园。假以时日，当草木旺盛之时，漫步于校园之中，欣赏紫藤凌霄竞开，感受竹林摇曳，倾听苇草蛙鸣，仰视空中鸽翔，俯看池内鱼游，可以培养师生平和宽容的处事态度，形成积极上进、天人合一的自然人生观。优美舒适的校园，可以有效保障师生身心健康，能够在忙碌的生活、紧张的学业中得到及时休憩，有效缓解生活和学习压力。

五、向学

地方书院、文庙中的匾额、楹联、题壁等诗词对联，传达出仁义、礼让、进取、向学、为善、博爱的思想内涵，让人激发感触，回味无限。当代中小学校的牌匾楹联，要围绕弘扬乡土精神，结合教育需求，由师生进行创作书写并轮流悬挂，增强参与度和自豪感。通过彰显历代乡贤名士的爱乡爱国、勤学上进的品质，营造师生好学、乐学、会学的积极氛围，形成良好的校风、教风和学风。

古代乡土教育建筑的形制要素与意境营造，凝聚着地域传统教育文化的深层内涵。地方中小学校要因地制宜，量力而行，营造乡土教育文化意境，将教育主题自然地融入师生精神与生活之中，实现学习和思考的顺意而为。

学校依附于地域而生，校园浸润于乡土之中。师生不出校园，能在山水之间畅游、园林之中穿梭、与飞鸟游鱼相伴，实现了学校亦公园，校园即乐园。乡土书院、地方文庙育人要素的展现，做到校园处处是课程、师生时时受熏陶，发挥了校园在舒缓师生身心压力、创设积极学习情境层面的关键作用，这正是乡土文化因素在学校教育氛围营造方面的价值所在。

第三章

新乡土教育的文庙传承

新乡土教育的生态泮池

为了提升校园文化层次,有些中小学校修建了各种水景,成为师生放松身心的好去处。但由于设计缺陷和管理不善,部分校园水景经过一段时间使用后,绿藻滋生,水质变浊,逐渐干涸闲置,失去了应有的审美价值和教育意义,成为校园环境中的鸡肋之处。

乡土生态水景是指在一个相对封闭的水池环境中,适时引入阳光氧气、土壤砂石、动植物、微生物等,借助水体循环,实现互相作用、互相影响、互为依存的生态平衡,形成自我净化、相对独立的生态循环系统。中小学校依据当代生态环保理念,构建乡土湿地系统,以自然为师,融入物理、化学、生物、文学、艺术等学科知识,实现校园水景自然净化的全过程。

乡土湿地景观与传统教育文化进行融合应用,促使师生培养与自然和谐相处的环保意识,实现学校水体景观的生态价值、教育价值、美学价值的有机统一。现以山东省肥城市老城街道初级中学的生态泮池为例,全面展示乡土生态水景的理论研究与实践过程。

一、形制名称

可以结合乡贤名人创作的地域水景诗文,寻找当地文庙、书院、学堂内部及附近的河流、溪水、瀑布、水潭、池塘或泉水，作为学校水景的形制来源和名称渊源。

《礼记·文王世子》："凡始立学者，必释奠于先圣先师。"唐宋以后，形成了"由学尊庙，因庙表学"的教育格局，文庙与学校、科举相结合，成为集祭祀、教学、考试功能于一体的"学宫"。"泮池"是位于各地文庙大成门正前方的半月形水池，意即"泮宫之池"，它是官学的标志。古代"诸侯不得观四方，故缺东以南，半天子之学，故曰泮宫"，因孔子曾受封为文宣王，所以建"泮池"为其规制。《诗经·鲁颂·泮水》篇有"思乐泮水，薄采其芹"，意指古时士子在太学，可摘采泮池中的水芹，插在帽缘上，以示文才。有的孔庙在池畔砖壁中央嵌着"思乐泮水"的石刻，便是出自这个典故。科举考试时，学生过桥去拜孔子，称为"入泮"。肥城市老城街道初级中学位于肥城老县城旧址，2015年在校园重修文庙泮池景观，并赋予其乡土生态循环池功用，实现了传统文化教育与当代生态教育的有机统一。

二、选址朝向

校园水景一般选址在校园的主要位置，最好是师生上学放学、课下活动的必经之地，便于在课余时间随时欣赏，发挥它的最大价值。在校园显眼处设置水景，既能够充分展示灵动之美，也能减少杂景遮蔽，有利于水面安全监控，一旦出现意外情况，可以及时进行处理。

如果学校地处北方，将水景设置于建筑物南侧向阳之处，有利于水体接受光照，进行光合作用和紫外线杀菌，实现动植物与水体之间动态均衡、和谐共生。可以利用墙体组成庭院保温区，形成区域微气候，便于防风保暖，有利于动植物安全越冬。

三、设计理念

校园水景的外观设计，要顺应学校整体地形地貌，依据校园建筑布局进行曲折弯绕，随方就圆，体现自然气息。利用水道和落差，构建传统龙形、八卦等水景图案，或采用动物、汉字形态作为外观造型。

"仁者乐山，知者乐水。"乡土水景的外观设计与校园山景巧妙搭配，在控制水深、缓冲过渡、保证安全的前提下，配置园林专用水泵，巧妙隐藏管道和过滤系统，利用山体落差制作出瀑布、水帘的效果，营造出山水相依的诗意景观。肥城老城街道初级中学的生态泮池整体设计形状是一条"鱼"，自西向东分别是鱼头、鱼鳞（腹）、鱼尾，水平落差逐渐降低，便于瀑布水流顺势而下，从鱼头而入，走向鱼尾，寓意学生在校园"如鱼得水"，也喻示人类与自然"鱼水难分"的依存关系。

鱼头部位是一个宽 8 米、长 12 米、深 0.8 米的椭圆水池，面积最大，便于中大型鱼类游动。功能为鱼类收纳区，养殖各种锦鲤，本土鲤鱼、草鱼、鲢鱼、翘嘴、泥鳅等，中间由青石堆砌成台，形成鱼眼形状，鱼眼周围是环形深水区，便于鱼类冬季潜伏保暖。鱼鳞（腹）部位由九个连续的不规则扇面组成，功能为植物吸附区，用于种植各种浮水、挺水、沉水植物。鱼腹部位为曝气增氧区，末端是由景观石堆砌高度三米左右的流瀑平台。鱼头水池底部的沉淀物质自池底水渠引出池外，导入水泵井，由池外管道输送到上游瀑布石板，形成扇形瀑流冲击水面，产生水流气泡，实现曝气充氧。鱼尾位于水池鱼腹外侧，用鹅卵石铺成发散状，形成鱼尾形状。

四、建设把控

由于普通黏土砖在水中长期浸泡会风化酥裂，水景主体的施工最好采用钢筋做框架，用砼混水泥直接浇筑，防止后期开裂漏水。一般校园缺乏河道池塘的形成环境，不存在自然蓄水防渗的地理条件，所以要做好池底池壁的防渗工作。

水池防水材料最好使用 TS 无纺布，表面再用水泥覆盖，效果比较持久。

可用专用防水布或者防渗专用膜，向水池边沿进行覆盖延伸，防止向外渗水。另外，要在距离池壁顶端三十厘米处，设置防溢排水孔并安装防钻网，预防大雨漫池导致鱼类出逃。

为保障安全，水池的最深处不宜超过 80 厘米，一般水深以 50 到 70 厘米为宜。幼儿园和小学阶段的水景应该根据实际情况，降低水位至安全深度。水池边缘与最深处要逐渐过渡，水深宜缓慢增加，避免出现过陡坡度，防止落水打滑危险。

生态水池内部摆放本地出产的景观石，宜少不宜多，作为点缀即可。可以挑选与教育有关成语，特别是典故传说的动物造型，如"鲤鱼跃龙门""金蟾折桂""独占鳌头"等造型进行摆放。要提前预计石头摆放深度，考虑其在蓄水后水面的露出高度与显示角度。如高度不够，可以用石块堆砌加垫。水池内石块不易过多，并减少尖锐棱角，避免鱼类受惊划伤身体，造成感染伤亡。

水池的护边不宜采用公园常见的自然山石堤岸，因其表面凹凸不平，边缘欠缺规整，师生站立容易打滑发生危险。可以用卵石铺就水底，并以堆砌矮墙形成护栏，防止发生意外。

由于水泥建材中的碱性物质不利于鱼类生存，需要放满水浸泡一段时间，进行稀释除碱，期间可以打开循环水泵，多次换水稀释。如果急用，可用工业醋酸浸泡中和，等待池壁长出绿色青苔，说明水质酸碱度平衡，才可以少量投放鱼虾，进行水质检验无异常之后，再批量投入乡土动植物。

鱼虾以当地乡土品种为好，可以请专业人员到当地池塘溪流进行搜集，尽量做到品种齐全。同时，注意投放密度和鱼体大小，以免饲料和排泄物过多影响水质。挑选健康乡土鱼类、螺类、龟鳖进行投放，尽量一次完成。要避免师生个人随意投放水生动植物，因为野生水生植物根茎容易携带有害病菌及寄生虫，受伤和生病鱼类未经检查和消毒就放入封闭水体，会造成原有鱼类感染生病。

五、生态过滤

"问渠那得清如许，为有源头活水来。"校园水景容积有限，水体相对封闭，需要形成模拟自然流动的生态系统，以免水体因缺乏天然过滤造成水质混浊。可购买低功率的户外水景专用水泵，专用水泵具有低耗能、高可靠的特点，要根据具体水池的容积水量和高度落差，选择合适的水泵功率型号。如果当地不易购买，可以采取网络购买方式，尽量避免使用普通水泵和污水泵，能耗太大且不耐用。

常规鱼池没有过滤系统，容易变绿变污。生态泮池仿照自然湿地和塘床的构造方式和特点，终端鱼池的污水经过水泵抽至上游，经瀑布阳光增氧、多孔砂石过滤、水生植物吸附、鱼类贝类采食等净化步骤，实现沉淀吸附、生物分解等流程，避免过量绿藻等悬浮物的生成。在相对封闭环境中完成水质净化的全过程，形成校园水景的模拟自然过滤系统，向师生演示了包含各种有机物和排泄物的浑水，在自然界各种砂石、动植物、微生物等因素作用下，由"浊"变"清"，由"死"变"活"的生态净化过程。

六、人工塘床

由于采用水泥作为隔水层，校园水景与自然水土之间缺乏物质交换，需要师法乡土自然环境，采用本地河道砂石为过滤材质和种植基床，种植乡土水生植物，建立人工塘床湿地系统，组成整个生态水池的核心过滤部分，建立完整的乡土动植物生态系统。

生态泮池的过滤系统由九个水生植物塘床组成，酷似一片片鱼鳞，塘床可种植芦苇、香蒲、睡莲、美人蕉、千屈菜、水生薄荷、金鱼藻等本地浮水、挺水、沉水植物，与自然生长的乡土鱼类、螺贝、两栖动物等构成天然的湿地生态系统。生态泮池既有阻拦分解污染物、过滤净化水体的作用，又具有知识性和观赏性，增加了校园景观的教育价值。

乡土鱼池的形成初期，可以人为引入本地螺类、鱼类、蛙类、龟鳖等动植物，一旦水质稳定，过往的水鸟也会通过脚掌或羽毛，携带部分鱼卵和植物种子加入其中。乡土水生植物如芦苇、香蒲只需引种几株，便会迅速繁殖，各种藻类也会随着慢慢出现。水绵、金鱼藻等藻类既能过滤水中的颗粒物，又能沉积成为水生植物的基床，并成为螺类等动物的食物来源，最后流入水池终端的螺类和水草又能成为鱼类的饵料，形成完整的食物生态链。

七、延伸景观

肥城市老城街道初级中学泮池周边，用当地出产的花岗岩板铺砌，采用纵横交错的布局，在石板空档处镶嵌《论语》中关于教育的名言警句，作为生态水景的延伸景观，与泮池在文庙中的功用相互呼应。

在镶嵌过程中，要注意字体的大小布局，然后使用高标号水泥进行打底，由书法功底好的教师用竹木做笔勾勒字体轮廓，然后用抛光的黑色鹅卵石镶嵌字体，用哑光浅色鹅卵石作为衬托。"泮池"二字刻制在深色花岗岩原石上，使用金粉漆着色，做到醒目美观。如使用浅色原石进行景观名称刻制，建议使用深绿或者深红着色，起到比较沉稳的效果。

生态循环池周边可以种植乡土水域常见的亲水性植物，如芦苇、香蒲等。水池附近不宜种植过于高大的乔木或者容易落叶的植物，避免冬季遮阴且增加清理工作。各种植物要按照自然布局进行高矮搭配，迎春、翠竹、爬山虎、紫藤、凌霄是较好的乡土点缀和遮蔽品种。

在生态水池附近，要设置相关景观介绍牌，进行传统文化和生态环保教育，制作池内相关动植物的图文对照简介，便于校内师生和外来人员了解和学习相关知识。

八、成效反思

由于近年来溺水事件的不断曝光，各种水库、河流等野外水面禁止未成年人随意涉足，加之生态环境破坏，很多溪流河道不复存在，导致当代青少年失去了很多接触自然水域的机会。地方中小学校构建乡土水景，能够满足中小学生对乡土水域的天然亲近，避免当代师生对自然生活的逐渐生疏。

在校园之中，有一方浅浅的泮池，有清澈的水流流淌，能使师生随时欣赏鱼跃蛙鸣、芦荡莲动，获取"子非鱼焉知鱼之乐"的感悟，激荡"金鳞岂是池中物，一遇风雨便化龙"的豪迈，延伸"仁者乐山，知者乐水"的思考。春去夏来，秋往冬到，等待水流在光石板上生出青苔，青苔又长出芦苇，芦苇蔓延在水中，泮池会成为乡土生物的乐园。随着蝌蚪鱼苗、水禽飞鸟不断出现，其衍生物种越来越多，泮池会成为各种动物饮水、洗澡、嬉戏之处，蛙鸣虫语、翠鸟飞临，时时带给师生意外的惊喜。校园里的生态泮池，实现了传统教育文化寓意与当代生态理念的古今交融，陪伴一批批学子走过校园四季的风霜雨雪，成为紧张学习与忙碌生活的放松之处。

肥城市老城街道初级中学注重营造传统的书院教育环境，将当代生态理念与古代泮池文化巧妙融合，将传统泮池文化留在众多学子对母校的温馨记忆中，实现了生态环保理念的启蒙教育，弥补了师生"我家就在岸上住"的乡土体验缺失，成为本校师生和外来人员徜徉难忘的校园亮点。凭借显著的心理舒缓迁移作用和先进的乡土生态环保理念，老城街道初级中学在 2018 年被评为山东省中小学心理健康示范学校，成为意料之外的收获。

新乡土教育的育人杏坛

《庄子·杂篇·渔父》载:"孔子游乎缁帷之林,休坐乎杏坛之上。弟子读书,孔子弦歌鼓琴。"公元前522年,孔子三十而立,开始创办平民教育,收徒讲学,其教育思想是"有教无类":即不分贫富,不分贵贱,不分老少,不分国籍,兼收并蓄。其创立的儒家学派成为中国千百年来传统文化的主流学说。

一、杏坛渊源

宋天圣二年(1024年),孔子45代孙孔道辅在监修孔庙时,在正殿旧址除地为坛,环植以杏,名曰"杏坛",成为教育圣地的代名词。金代在杏坛上建亭,元世祖至元四年(1267年)重修,明代隆庆三年(1569年)改造重檐方亭,清代乾隆皇帝题匾,亭下有党怀英篆书"杏坛"二字碑及乾隆"杏坛赞碑"。

杏树,蔷薇科杏属,适应性强,春季先花后叶,五月底产果,寿命可达百年。孔子选在杏树环绕的地方讲学,花香果累,弟子在其熏染中读书,夫子在其下抚琴而歌,书声、歌声、乐声相和。古代的文庙、书院,近代的学堂,当代的中小学校,都需要这种安静祥和的教育意境,可以让师生畅享室外讲学和读书论辩之乐。

地方中小学校可在校园中选择合适的空间，仿照孔庙杏坛修筑亭台，树立"杏坛"石碑，种植杏树使其围聚成坛，并铺装硬化地面作为室外讲学、诗文吟诵等活动场所。

肥城人有若为孔子名徒，位列七十二贤，清代肥城县城建有子庙以示纪念。2016年，肥城市老城街道初级中学在老旧校园改造过程中，寻其后人捐赠有子石像。在其雕塑之后，除地为坛，采用泰山花岗岩原石，摹刻党怀英书写的"杏坛"二字，周围移植八株杏树环绕其周，空地用青砖铺就，南侧种植桃树李树，与附近鸢台上的梅兰竹菊彼此呼应，成为传道授业之地，培养师生浩然之气。

二、"五常四维八德"刻石

肥城市老城街道初级中学将中国传统道德体系中的"五常四维八德"进行整合，在杏坛四周，凿刻"礼、义、仁、智、信、温、良、恭、俭、让、忠、勇、孝、悌、廉、耻"古代十六字价值观于方石之上，依次摆放于"杏坛"石刻两侧，也可以作为坐凳，成为弘扬古代文庙书院教育、传承乡土传统文化的学习交流之处。

道德的产生与发展作为人类社会生活的需要，随着社会生活的变迁而变化，这种变化既有基本道德规范数量的增减，也有不同历史时期道德规范内涵的发展。"五常四维八德"既是中国传统道德体系发展的阶段成果，也是中国古代社会维系社会平衡的价值观体系。

当前，地方中小学校要按照取其精华，去其糟粕的原则，汲取古代传统文化的积极因素，特别是乡土精神文化，作为学校德育教育活动的有力补充，成为构筑当代学生道德体系和行为导向的重要途径。

五常：

仁、义、礼、智、信

四维：

礼、义、廉、耻

八德：

孝、悌、忠、信、礼、义、廉、耻

十六字注释：

仁：人二也，与人相处融洽和谐，即为仁。

义：言必信，行必果，惟义所在。

礼：礼者，天理之序，人事之仪。

智：辨析判断，发明创造。

信：人言而成，夫信者诚实也。

温：性情柔和，温故知新。

良：良善道德。

恭：君子敬而无失，与人恭而有礼。

俭：俭省、节制。

让：礼让旁人，忍让不争。

忠：真心诚意，竭尽心力。

勇：志之所以敢，知死不辟。

孝：立身行道，以显父母。

悌：敬爱兄长，兄友弟恭。

廉：清清白白，端端正正。

耻：本性纯善，心生惭愧。

三、杏坛活动

(一) 杏坛研学弘传统

在杏坛组织研学活动中，挖掘"五常四维八德"十六个文字背后的文化意蕴，逐一说文解字，以理服人，以例动人。开展经典篇目吟诵、学习方法论辩、民族礼乐欣赏等活动，贯穿诚实守信、勤学敬业、谦恭有礼、孝亲敬长等中华民族传统美德，实现培养健全人格、丰厚人文底蕴的育人目标。

(二) 守花护果采摘节

2016 年以来，肥城市老城街道初级中学每年都开展杏坛"守花护果"活动。六月初，举办校园采摘节，由学生亲自参与采摘，将金灿灿的杏果发到每一名师生手中，改变了校园果实还未成熟，就已摘取一空的原有状况。通过守护花朵幼果，共享成熟果实，学生获得爱惜公物、人人受益的宝贵体验，有效培养自律能力和法律意识，初步形成公民意识和公德精神，取得了良好的德育教育效果。

2017 年，山东省教育厅评选出了 156 个山东省中小学德育课程一体化实施典型案例，肥城市老城街道初级中学提报的《古代书院文化与当代学校德育的融合与应用》案例获此殊荣，成为泰安市入选的八个案例之一。

新乡土教育的六艺群雕

公元前1046年,周王官学要求学生掌握六种基本才能,即:礼、乐、射、御、书、数。《周礼·地官司徒·保氏》:"掌谏五恶,而养国子以道。乃教之六艺:一曰五礼,二曰六乐,三曰五射,四曰五驭(御),五曰六书,六曰九数。"这就是"通五经、贯六艺"中的"六艺"。六艺作为古代教育较早的科目分类,契合了当今倡导的德、智、体、美、劳全面发展的要求。

清初教育家颜元在主持漳南书院时,把课程设置分为六斋。东第一斋为文事斋,讲授礼、乐、书、数、天文、地理等;西第一斋为武备斋,讲授古代兵书战策以及攻守布阵、水陆战法、骑射驾御等;东第二斋为经史斋,讲授《十三经》以及史、诰制、章奏、诗文等;西第二斋为艺能斋,讲授水学、火学、工学、象数等;其余两斋是理学斋、帖括斋,理学斋讲静坐、编著程、朱、陆、王之学,帖括斋讲授八股时文,这种学科分类在当时也是比较科学和先进的。

通过研究古代六艺发展及后世课程分类,新乡土教育可将传统教育和素质教育结合起来。既继承好传统,又糅合新元素;既强调全面发展,又突出学生个性;着力培养知书达礼、全面发展的人才。

肥城市老城街道初级中学利用废弃钢管和管件,设计制作了"六艺群雕"，以发展素质、彰显个性为目标，在充分整合校内外资源的基础上，围绕经典读写、地域精神、乡土技艺三条主线，努力构建乡土教育的新"六艺"系列课程。

一、礼

"礼"指礼节。五礼指：吉礼、凶礼、军礼、宾礼、嘉礼。拥有悠久历史的中国以礼仪之邦著称。《礼记·大学》中的"修身、齐家、治国、平天下"，将修身排在第一位。古代有各种乡约民规、家训家礼，贯穿日常交往、婚丧嫁娶的全过程，民国直接用"修身"作为公民德育课程名称。目前，小学《道德与法治》以及初中《道德与法治》等统编教材中，有很多关于日常礼仪的教育应用及延伸课程。

六艺中的"礼"并不仅是礼仪、礼节那么简单，在礼中蕴含了政府治理、征战外交、生老病死、人际交流等等。"不学礼，无以立"，学"礼"就是要学做人，无所不在的"礼"塑造了中国人的人文性情，形成了人与人相处的思想意识和行为方式。

学校要设置乡土礼仪课程，以《中小学生守则》和《中小学生日常行为规范》为基础，对学生加强传统美德、日常交往、文明礼仪教育，汲取乡土礼教优良传统，体现地域风俗差异，培养学生基本的道德行为习惯，将乡土礼仪全面应用于生活工作之中，做到以礼修德，以礼立人。

二、乐

"乐"指六乐。六乐：指《云门大卷》《咸池》《大韶》《大夏》《大濩》《大武》六套乐舞。古代最早的礼仪性乐舞是《云门大卷》，尧时有《咸池》，舜时有《大韶》。孔子听过韶乐，称其乐舞尽善尽美。禹时有《大夏》，商时有《大濩》，周时有《大武》，这都是古代著名的礼仪乐舞。周朝保存的上述六套乐舞，分别应用在当时祭祀等重大活动中。

音乐在中国古代社会生活中一直占有着重要的地位，除了陶冶情操，还承担着调节情绪、舒缓心情的重要功能，在维护社会和谐、抚慰个体内心方面起到了不可替代的作用。音乐是人类情感的艺术化体现和高层次修为，特别是地方传统音乐，生发于乡土生活，更适宜当地人群表达情感、宣泄情绪。音乐不以说教方式来传播，更多的是通过熏陶感染来影响受众内心，让师生身心得到舒缓释放。

学校开展声乐和器乐基础教育，培养学生初步的演唱能力和演奏技能，通过对地方礼乐文化的研习和传承，培养学生健康向上的音乐审美，实现"兴于诗，立于礼，成于乐"的目标，熏陶和成就学生的健全人格。

三、射

"射"指军事射箭技术。五射是指"白矢、参连、剡注、襄尺、井仪"。"白矢"，箭穿靶子而箭头发白，表明发矢准确而有力；"参连"，前放一矢，后三矢连续而去，矢矢相属，若连珠之相衔；"剡注"，谓矢行之疾；"襄尺"，臣与君射，臣与君并立，让君一尺而退；"井仪"，四矢连贯，皆正中目标。

宋代陆游在《观大散关图有感》首句写道："上马击狂胡，下马草军书。"文武双全是对古代的文人士子的全面要求。六艺中的"射"是指擅长射箭等兵器操作，一个人能文能武，方能成为冷兵器时代的全才英雄。

射箭已不适宜当代战争，但"射"作为训练自我控制、培养冷静处事能力的体育活动，依然符合现代社会需要。只有具备强健的身体，才能更好地学习生活。开展"阳光体育活动"，保证学生每天一小时体育锻炼时间，能够使学生增强身体综合素质，提升心理承受能力，养成坚持锻炼的好习惯。

四、御

"御"指驾驭马车战车的技术。郑玄注五御指："鸣和鸾，逐水曲，过君表，舞交衢，逐禽左。"谓行车时和鸾之声相应，车随曲岸疾驰而不坠水，经过天子的表位有礼仪，过通道而驱驰自如，行猎时追逐禽兽从左面射获。

古时候的驾车出行相当于使用当代的汽车等交通工具，当时小到日常出行，大到外交战争，都可以通过驾车提高行动范围和效能。当今社会科技发展迅速，各种新生事物种类繁多，如果不能掌握这些工具的使用技能，连应对现代生活都颇具困难，更别说熟练从事相关工作。

学校可以开设金工、木工、家务等技能体验项目，配备专用教室和教学设备，采取集中培训、现场操作的模式进行系统授课，开展小制作、小实验、小发明等丰富多彩的科普制作活动，培养学生学科学、用科学的兴趣，树立正确的职业观念。

五、书

"书"是指书法、书写、识字、文字。《周礼》中的"六书"指象形、指事、会意、形声、转注、假借。

六艺中的"书"，不仅指书籍，还指书写与阅读，这是知识学习和传播的基础。文字比语言更准确、易保存，要把学习和实践成果保存和流传下去，就需要掌握书写的能力。学习前人积累的知识与思想，则需要掌握阅读能力，因为阅读文字是最重要的学习渠道。

学校要重视写字教学，培养学生书法审美意识和书写能力。开展必要的学科书法训练，强化快速书写技能，对于提升网上阅卷成绩，减少卷面失分非常重要。在硬笔书法教学的基础上，加强毛笔书法教学，在临摹鉴赏中感悟书法之美，体会中国汉字作为一门艺术的独特韵味。

六、数

"数"指数术，是计算、数学的技术。"六艺"中的"数"同样是一门基础课。古代，数学被归入术数类，它的主要功能除了解决日常的丈量土地、算账收税等实际问题，还要计算天体相关数据，推演历法。可以说，没有了"数"，就没有人类社会自然科学的迅速发展。当前，每种社会发展都体现着数学学科的价值，特别是在网络支付、物流推算等应用中，数学的重要意义不言而喻。

《三字经》中有"礼乐射，御书数，古六艺，今不具"。"今不具"的含义是：当代社会，已经没有人能同时具备古代的六种技艺了。当代中小学校应该与时俱进，立足乡土特色，围绕师生综合素质发展需求，落实德智体美劳全面发展的课程观，改变当前中小学在传统乡土技艺传承方面随意性和碎片化的现状，构建当代新六艺课程体系。

新乡土教育的书画碑刻

"书画同源"是中国书画的独特之处,中国绘画和中国书法关系密切,两者的产生和发展相辅相成。"书画同源"最早的阐释者来自元代的大画家兼书法家赵孟頫。他提出:"石如飞白木如籀,写竹还应八法通。若也有人能会此,须知书画本来同。"赵孟頫强调中国绘画应以"写"代"描",以书法的笔法作画,绘画笔法来自书法用笔的灵感。明代王世贞在《艺苑卮言》一书中以画竹为例,总结出"干如篆,枝如草,叶如真,节如隶",对以书法之笔墨入画进行了精辟概括。

古代读书人普遍擅长书法,很多地方存有诗、书、画三者融合为一的历代石刻,伴有相关的历史传说故事。地方中小学校将此类石刻迁移或复制于校园之中,能为校园增添浓厚的艺术氛围,提升师生对传统书画艺术的认知。肥城老县城文庙的风雨竹石刻就是诗、书、画合一的典型之作。

一、石刻由来

清嘉庆二十年(公元 1815 年)《肥城县志》记载:"风雨竹石刻,旧在城西南四十里龙庄关帝庙中,今嵌于大成殿后壁。世传以为关公从袁军寻先主至此所作。"石刻巧夺天工,不细辨之,不知枝叶为字。按照从下到上,从右到左的顺序，由竹叶组成四句诗："不谢东君意，丹青独立名。莫嫌孤叶淡，终久不凋零。"诗的大意是：不感谢曹操上马金、下马银的赠美封爵情意，不会因环境变化、独处曹营而变节，身在曹营心在汉，做到矢志不移。

明朝天启三年（公元1623年），肥城知县王惟精在风雨竹石刻旁立一石碑，阳面刻"超群绝伦"斗大四字，落款是"蜀汉丞相武侯评撰，大明鸾台侯王惟精书立"。碑阴刻有王惟精题写的草书，内容为虞世南赞颂关夫子的三字诗："利不动，色不悦，威不屈，害不折，忠耿耿，义烈烈，伟丈夫，真豪杰，纲常备，古今绝。"旁有王惟精行书"风雨竹，真笔迹"。

二、地域传说

据当地相传，关公携二位皇嫂离开袁绍军部去徐州陶谦处寻访刘备，路过肥城阳野村（今隆庄）时狂风大作，骤雨倾盆，关公急避于紫云桥下，顷刻积水殊深，于附近民家安下二位皇嫂，自于大门底休息，待雨过天晴，空气清新，关公以纸墨绘风雨竹，临行留与房东，以作纪念。房东观其非平庸之士，世代珍存。后人崇敬关公，将《风雨竹》作品镌刻于石，便于长期保存观摩。

三、细节故事

《风雨竹》石碑有一角略微破损，这一缺损也有相关故事。相传有位知县看到隆庄《风雨竹》石刻后，乘乱世之际，强行将该石刻运往肥城县城，离任时，偷将石刻藏于轿底运走。出城约10余里后，肥城乡绅及当地官员发现这一情况，便立即聚众追之。这位知县做贼心虚，不断回头窥视，忽然看见有人追来，即命随从将石刻掀于轿下，因正遇山路，石刻落地时被撞损一角，众人将石刻搬回并将其镶于文庙大成殿左壁外侧。

肥城市老城街道初级中学在肥城玉都观寻觅《风雨竹》原碑，精心墨拓原稿。按照相同尺寸，多方觅得明清时期的本地风化石板一方，其正好也缺一角，与原碑契合。将《风雨竹》拓片摹印石上，请工匠依样刻制，放置于校园竹林之中，既让师生随时欣赏诗书画艺术合一之美，也作为学校碑刻拓印社团的练习之处。

四、实景衬托

仿《风雨竹》石刻放置在肥城市老城街道初级中学百竹园中，与周围竹林相映成趣。学校中长一百余米的百竹巷，是师生课下的必经之路，有真实的竹林潇潇作为背景映衬，《风雨竹》石刻更具别样韵味。

"书画同源"是中国书法和绘画与西方艺术最大的区别。写中国字和画中国画，所用的"文房四宝"完全相同，古代文人常在吟诗挥毫之时，将书法的用笔运用于画中。郑板桥"一笔书、一笔画"所作墨竹，是书画同源的代表作品。

书画同源，源自人心。从古至今，中国书法绘画成为人们表达思想、抒发情感的载体，书法与绘画艺术因作者不同而风格迥异，与作者出生、成长、生活的地域环境息息相关。古人将诗歌情感融入书画意境之中，反映当时的社会生活和作者思想，创作出类似于《风雨竹》石刻这样的艺术作品，伴随相关的地域故事和乡土传说，便于长期流传和观摩。

随着社会经济的不断发展，当代中小学校的硬件设施水平普遍得到提升，可以满足学校教育教学的基本需要。当前校园建设亟待补齐的短板，就是审美熏陶的缺失。地方中小学校在校舍规划建造、环境氛围创设等方面，应当用心设计，体现自然之美、传统之美、教育之美、人文之美。"境由心造"，古代诗书画合一的石刻艺术融合，让广大师生浸润于地域文化之美，从而孕育乡土情怀，丰厚艺术素养，成为优秀乡土艺术的传承者。

新乡土教育的乡贤颂扬

乡贤文化在漫长的历史发展中逐渐形成,是中华民族传统文化的组成部分。"乡贤"一词,最早出现在唐朝刘知几的《史通·杂述》中,书中记载"郡书赤矜其乡贤,美其邦族"。明开国皇帝朱元璋第十六子朱栴,在《宁夏志》中列举"乡贤"人物,开始在地方文庙中建乡贤祠。清代,不但建有乡贤祠,还把乡贤列入当地志书。

"乡贤"是中国各地有德行、有才能、有作为、有声望,被本地民众所尊重推崇的贤士。对家乡没有感恩之心、对乡土之事淡漠处之,即使成就再大,也不能称为"乡贤"。

当人们暂时停下匆忙的脚步,驻足生养自己的这块土地,回望漫长的乡土发展历史,会发现总有一些人热心于地域公共事务,或修志著书,或兴办学堂,或教化乡梓,或修桥铺路,或建立牌楼,或扶危济贫,或孝老抚幼,或发明创造,或兴农兴商,或制订乡规民约……为地方发展留下了宝贵的物质财富和精神财富。

当时间伴随着星移斗转而流逝,人文往事湮没于茫茫人海,总有些人我们不能忘记,总有些事我们需要记住,总有些精神我们需要传承。乡贤人物是维系过往和当今的重要纽带,是推动乡土发展的精神动力。

一、设立乡贤墙，搜集乡贤人物，树立乡土榜样

古代地方文庙，普遍设有乡贤祠。通过反复研读地方志书、研究整理人物故事，列举值得当代师生学习的乡贤人物，搜集其成长求学、护乡卫国、办学启智、兴业富民等事迹。设立乡贤纪念场馆，根据其相貌特征、职业特点，绘制人物画像，摆放人物雕塑，设置相关场景，陈设图文实物，传颂经典故事，供后人瞻仰学习。

二、寻觅关联地，进行乡贤纪念，延伸各种仪式

根据乡贤生平事迹，寻找其出生、成长、就学之地，作为乡贤纪念场地。不拘于厅堂，或旷野，或高地，或高山，或水畔，引领师生身临其境，切身感受。

在乡贤纪念活动开始前，要组织师生充分了解乡贤故事，熟悉乡贤所做的重要贡献，提前创设教育情境，充分发挥纪念活动的意义。可以朗诵乡贤经典作品、鉴赏乡贤书画作品、体验乡贤工作生活、演出乡贤生平事迹，获取乡贤人物精神的深度体验。

可以结合乡贤的成长历程，举办开笔礼、成人礼、纪念日等活动。有的乡贤留下刻苦读书、勤学苦练的故事；有的乡贤留下书画石刻，可供摹拓临摹；乡贤成长或从教的私塾、书院、学堂、学校等乡土教育遗迹，提供了丰富的教育文化资源。当地的名山名水，留下乡贤的足迹故事，选其曾经活动的地点作为纪念组织地，比在礼堂广场举行更为适合。

纪念活动的程序，要因人因事而异。一般程序为：全体肃立、敬献鲜花、宣读颂文、演奏礼乐、鞠躬行礼、总结心得。要注意仪式的庄重肃穆，严禁举止散漫，交头接耳。特别要注意，参与人员的服饰切忌古今混搭、形制不符，活动流程防止流于应付，随意删减，以影响仪式的严肃性和整体

性。教职工要以身作则，带头示范，在纪念仪式过程中不随便走动，不随意交谈，不接打手机，树立为人师表的形象。

三、培养新乡贤，实现以古励今，造福一方乡土

新的时代，呼唤新的乡贤文化。国家层面举行公祭黄帝和祭孔大典，地方中小学校也要立足当地实际，划定乡土范围，推举乡贤人物。适时、适度开展乡贤颂扬和纪念活动，根据乡贤在文学、体育、艺术、经济等方面的成就，举办和命名相关的读书节、艺术节、运动节、劳动节等，进行乡贤诗文赏析、乡贤事迹分析、乡贤成就研究推广等相关活动，弘扬中华民族"礼、义、仁、智、信"的传统美德，让师生了解乡贤事迹，记住乡土往事，传承乡贤精神。

通过学习颂扬乡贤故事，当代青少年得以在为人处世、工作学习中，树立乡土意识，汲取乡土营养，传承乡土精神。长大之后，能以自己的学识、专长、技艺参与新乡土社会的建设和治理，教化民众，反哺桑梓，逐渐成长为新时代的乡贤人物。培养新乡贤对于凝聚地域人心、促进社会和谐、重构乡土文化、延续乡土文明具有重要意义和价值。

新乡土教育的魁星传说

汉《孝经援神契》云:"奎主文章。"东汉宋均注:"奎星屈曲相钩,似文字之画。"奎星被古人附会为主管文运之神。据道教典籍:"世俗奉奎星,误奎作魁!"因"魁"与"奎"同音,并有"首""第一"意,于是就以"魁"取代"奎"字,出现了"经魁""五魁"等名目。古代,科举第一名,也就是"状元",又称"魁元""魁甲"。

北斗星,因位处北方,如古代酒勺斗形,故称北斗星。《淮南子·天文训》云:"斗杓为小岁。"高诱注:"斗第一星至第四为魁,第五至第七为杓。"前四颗星叫"斗魁",又名"璇玑",一般称为"魁星";后三颗星叫"斗杓""斗柄",合称为"杓星"。魁星也指北斗七星的第一颗星"天枢"。

魁星崇拜盛于宋代。中国很多地方都建有"魁星楼"或"魁星阁",其正殿塑着魁星造像,其面目狰狞,金身青面,赤发环眼,头上还有两只角,俨然一副鬼模样。右手握一管朱笔,左手持一只墨斗,右脚独立,脚下踩着海中的一条大鳌的头部,意为"独占鳌头";左脚后扬,脚上是北斗七星,意为"魁星踢斗"。

传说古代有一个秀才,聪慧过人、才高八斗,能够过目成诵、出口成章,就是长相奇丑无比,满脸麻子,还瘸了一只脚,走起路来一拐一拐的。

某一年,他乡试、会试连连高中,终于到了殿试。皇帝一见到他的容貌,心中不悦,问道:"你那脸是怎么搞的?"他回答:"回圣上,这是'麻面映天象,捧摘星斗'。"皇帝觉得这人非常有趣,又问:"那么你的腿呢?"他又回答:"回圣上,这是'一脚跳龙门,独占鳌头'。"皇帝非常赞赏他的机敏,又问:"那朕问你一个问题,你要如实回答。你说,如今天下谁的文章写得最好?"他想了想说:"天下文章数吾县,吾县文章数吾乡,吾乡文章数舍弟,舍弟请我改文章。"皇帝大喜,读毕他的文章后,更是拍案叫绝:"不愧天下第一!"于是钦点他为状元。

据说,从此开始,皇宫正殿台阶正中的石板上雕有龙和鳌鱼图案,一只魁斗放在旁边。殿试完毕发榜时,应试者都聚到皇宫门前,进士们站在台阶下迎榜,状元则一手持魁斗,一脚站在鳌头上亮相,表示"一举夺魁""独占鳌头"。

在中国神话中,魁星是主宰文章兴衰的神。在儒士文人心目中,魁星具有至高无上的地位。中国古代很多地方的文庙和学宫等建筑附近,都建有祭祀魁星的魁星阁。

农历七月初七,这天不仅是织女的诞辰,还是"魁星"的生日,古代有"男拜魁星、女拜织女"的习俗。"七夕女儿祝织女,男士庙中拜魁星。佑我科举登榜首,供神猪头代三牲",七月七日,女子忙于拜织女,祈求心灵手巧,而男子则忙于祭魁星,以求科举高中,人生亨达。

古人对考取"魁元",即获取科举第一名的向往和崇拜,也体现在民间器物和文房用品上,随时随地提醒读书人担负着"学而优则仕"的人生重任。尽管科举考试已经消失在历史的长河里,但考试作为相对公正的人才选拔制度,一直延续到今天。本质上还是国人对魁元崇拜文化的延续。

现在,无论是成年人还是青少年,很少能够静下心来,放下手机,关掉电视,在夜黑灯稀的苍穹之下,仰望久违的夜空。中小学校或研学机构,可以给学生提供一个难忘的夜晚，认识古人用千百年的智慧给我们留下的璀璨星图，辨识那些银河系里被先人命名的星宿，了解它们的方位名称和传说故事。或许，当一个少年首次面对浩瀚的星空宇宙，就能开启对过往世界和未知领域的思考和探索。从实用角度来讲，在野外徒步的旅行中，认识星空也可以起到辨别方位的作用。

各地的地方崇拜和神话故事，是古人在当时社会生活条件和思想认识局限下的时空想象，就像中国人过年习俗与年兽传说的关系一样。要避免"无知者无畏"，随意武断否定先人千百年来的传统习俗。古代社会魁元崇拜的积极因素和美好寓意，不能用"迷信"二字简单论之，要让青少年了解地域传统，记住乡土传说，传承对美好事物的向往和追求。

新乡土教育的礼乐教化

礼乐,是中国传统文化中各种礼仪规范、音乐舞蹈、诗词歌赋等的合称。《礼记·乐记》曰:"是故先王有大事,必有礼以哀之;有大福,必有礼以乐之。哀乐之分,皆以礼终。乐也者,圣人之所乐也,而可以善民心,其感人深,其移风易俗,故先王著其教焉。"表明了传统礼乐在教化民众中的重要作用。

当代社会专注于经济发展,忙于改善物质生活,对乡土礼乐文化传承的重视不够。2000年前后,农村改造带来农民搬迁,城市升级带来居民迁徙,乡土人群的构成发生了极大变化。随着人民群众的生活节奏加快,家庭成员的居住日益分散,乡土传统礼乐的实用需求日益式微,有些地方已经难觅其踪。乡土礼乐的载体和内容也受到当代社会变革的冲击,失去了传承性和延续性,流于表演性、装饰性、应付性,仅存的程序内容也变得不伦不类。乡土中国历经数千年形成的"礼乐文化",逐渐失去维持社会平衡、教化乡土民众的重要功用。

有子,名若,字子有,春秋时期鲁国肥城人,孔子七十二贤徒之一。有子在《论语·学而》中道:"礼之用,和为贵。"当前,地方中小学校重拾乡土礼乐教育,可以传承地域传统,研习乡土礼仪,教化乡风民俗,倡树礼乐文明，形成礼让风尚，维持道德伦理，成为承载人生体验、促进生命幸福的重要路径。

一、乡土礼乐的缘起

《礼记·乐记》又曰："乐者，天地之和也；礼者，天地之序也。和，故万物皆化；序，故群物皆别。"从天地与个体角度，阐述了礼乐在维持个人内心平衡、促进社会和谐发展中的价值意义。"礼乐"两者并不是同时出现的，先有"乐"，后有"礼"，逐渐发展为"礼乐"并重。

礼乐文化，是从人类祭祀活动中发展而来。《礼记·祭统》说："凡治人之道，莫急于礼；礼有五经，莫重于祭。""礼"的本义是指祭祀用器物，后来成为各种祭祀仪式的总称。战国曾侯乙墓出土的青铜编钟，以3层8组65件的数量，证明了公元前433年，即2 400多年以前的中国先秦时期，青铜礼乐器的品种和制作，已经达到当时世界最高的水准，能演奏当今通行的C大调的不同乐曲。

有记载的礼乐历史始自夏商西周时期，当时诸侯国众多，周天子要建立以自己为中心的统治秩序。周文王四子周公旦制礼作乐，即后世所称的"周礼"，形成一套完整的礼乐制度，作为国家交往、统治秩序、安抚民众的有效工具。东周时期，王室衰弱，诸侯争霸，造成如孔子所感叹的"礼坏乐崩"局面。孔子终身致力于恢复西周时期的礼乐制度，此后的儒家传承人如孟子等亦将"礼乐"逐渐融入其理论体系的核心部分。在两千余年的历史长河中，礼乐伴随儒家文化的发展，影响了中国和周边儒学文化圈的人文发展、乡风民俗，形成了各具特色的礼乐文明。

二、乡土礼乐的价值

梁启超在《志三代宗教礼学》总结："礼也者，人类一切行为之规范也。

有人所以成人之礼，若冠礼是；有人与人相接之礼，若士相见礼是；有人对于家族宗族之礼，若昏礼丧礼是；有宗族与宗族间相接之礼，若乡射饮酒诸礼是；有国与国相接之礼，若朝聘燕享诸礼是；有人与神与天相接之礼，则祭礼是。"依照梁公所言，结合社会实际应用，乡土礼乐的主要内容除了政府层面的朝宴礼之外，还包括会见礼、婚丧礼、乡饮礼、乡射礼、祭颂礼、成长礼等，每种礼乐又有详细具体的分类和要求。

"礼"在中国古代社会具有积极作用。乡土礼乐文化成为古代地方社会生活的交际规范、约定制度、既定风俗，中国乡土社会的各个层面都深受礼乐文化的熏陶和制约。无论是政治活动、文化交流，还是民众生活，都要依礼乐文化而行止。礼乐对整个社会的公序良俗、对个体的言行举止，都有严格的规定和制约，起到维护社会稳定、保持社会平衡、促进社会和谐的重要作用。

乡土礼乐伴随人类社会的发展而产生，并跟随时代进步而发展。乡土礼乐在保持传统的同时，也要与时俱进，做到古为今用、古今交融，以适应当代社会的要求。

三、乡土礼乐的传承

当前，一些政府机构、中小学校、研学机构、社区家族在举办传统礼仪活动时，对乡土礼乐的基本程序和具体内容缺乏认知，礼乐仪式过程缺乏严肃性和庄重感，造成服饰古今混搭，道具土洋结合，程序随意删减，无法取得教化心灵的预期效果。

目前，乡土礼乐传承面临后继无人、仪式日益式微等问题。地方中小学校应当担负起乡土礼乐传承的重任，学习与之相关的地方乡风民俗，熟悉会见礼、婚丧礼、乡饮礼、祭颂礼、成人礼等具体流程，重现乡土礼乐在现实生活中的相关应用，尽量实现原汁原味的传承发展。

（一）以地方乡饮礼乐为例，谈乡贤乡风的引领

乡饮礼，原为古代地方向朝廷举荐乡学贤能之士的祝贺酒礼。明清时期，演变为各级官府出面出资，层层推举本地乡贤耆老，以表彰其高风亮节，引领社会尊老敬贤的风尚，类似于当代社会的节庆团拜活动。

乡饮宾客，由乡里百姓逐级推荐，推举身家清白、和睦宗族、和谐乡里、义举社会、教子有方、文略武功的高尚人士。经官府考察认定，颁发官府乡饮执照，上书曾祖、祖父、父三世姓名，并描绘本人相貌，以防假冒。清《睢阳尚书袁氏（袁可立）家谱》："九世桂，字茂云，别号捷阳，三应乡饮正宾。忠厚古朴，耕读传家，详载州志。"古代地方贤士，都以入选为乡饮之宾为莫大荣耀，并将官府赐发的乡饮匾额，悬挂于厅堂醒目之处。

乡饮酒礼于每年的正月十五与十月初一分别举行一次，其地点设在各府、州、县儒学，一般是地方文庙的明伦堂。礼仪活动中的物品陈设、人员座次、礼乐程序都有严格规定。乡饮之礼，自周代到清末，前后延续近3 000年，在古代传统社会中起到了教化乡里、引领乡风的重要作用。

（二）以乡土婚丧礼乐为例，谈乡土仪式的含义

目前，由于工作生活节奏的加快，乡土民俗沦为愚昧迷信、费时费力的替罪羊。西式婚礼大行其道，丧葬礼仪从快从简，甚至加入低俗表演。地方乡土礼仪反而步步退让，并在移风易俗的行政推动下影响渐微。仅存的乡土婚丧习俗，特别是丧葬之礼，多是老年人进行操办，大部分年轻人不熟悉、不了解流程内容。假以时日，乡土婚丧风俗即将失传，最后的乡土礼乐即将消逝无存。

作为基层教育工作者，要认清乡土礼仪的价值所在，研究其产生、发展的历史原因和时代需求。以乡土葬礼为例，其礼乐之间寄托后人对先人的哀思怀念，对今人的孝道教育，如果一味地简化礼乐程序，就失去对逝者人生历程的必要尊重，也失去了传承孝悌廉耻等传统道德观念的机会。

(三) 以乡土社交礼乐为例，谈人际交往的意义

当下，以往家族聚村而居的情形变为楼房化、异地化、分散化的现状，很多家庭礼仪场合难以应用和重现。乡土民俗礼仪也是如此，不同姓氏和族群之间的交往日益减少，以往那种"远亲不如近邻"的交往变成楼房对门数十年，也不曾往来的淡漠邻里关系。

当前，虽然社会交往的渠道与方式增多，但部分师生整天抱着电子设备自娱自乐，面对现实生活，却存在社交恐惧和交际回避。通过组织乡土社交礼仪培训，让师生参与正常交往活动，践行温良恭俭让的传统美德，培养勤快真诚的积极社交行为，对异常心理问题进行积极矫正，从而建立和谐共处的人际环境。

(四) 以乡土慰藉礼乐为例，谈心理疏导的渠道

"十里不同风，百里不同俗。"不同的地域人群，以不同的器乐载体，逐渐形成不同的乡土礼乐，以满足不同的乡土社会需要。"乐由心生"，礼乐是地方人群内心情感的外在表达，通过施行礼仪、参与乐舞，人们得以抒发内心情感，舒缓排解情绪。

乡土礼乐的研习，不必讲究厅堂大小。师生无需择时择地，只要保持内心平和，就能认真传习地方礼仪、欣赏乡土音乐，参与地域歌舞。《礼记·乐记》说："乐者，天地之和也；礼者，天地之序也。和，故百物皆化；序，故群物皆别。"这种人与自然共生共处的地域礼乐氛围，能缓解和治愈当代师生由于生活和学业紧张而造成的焦虑不安。

(五) 以学生仪式礼乐为例，谈乡土仪式的庄重

学生能够参与的乡土礼仪，主要有开笔礼、入学礼、拜师礼、毕业式、成人礼等等。以"开笔礼"为例，开笔礼俗称"破蒙"，大致有四个环节：正衣冠、拜先师、朱砂开智、击鼓明智，每个步骤都有严格的要求和深刻的

寓意，是古代儿童正式开始读书学习的重要典礼。

以祭颂礼为例，谈仪式的庄重感和严肃性。举行传统乡土礼乐仪式，必须要提前沐浴更衣，着装风格要内外一致，方显虔诚尊重。现在一些学校的乡土礼乐仪式，总会出现服装鞋帽古今混搭的场景，师生虽然身罩古袍，腿部却露出牛仔裤，脚踏运动鞋，如同古装剧的穿帮镜头，令观者哭笑不得，顿然失去严肃与庄重，还不如直接穿着校服显得真实自然。"细节决定成败"，乡土礼乐仪式一定要庄严肃穆，方能实现乡土礼乐的育人功能。

（六）以文庙祭孔礼乐为例，谈祭颂礼仪的传承

古代，从中央到省、府、县驻地都建有地方文庙，文庙是当地文化和教育的中心，现在很多老县城仍保留其形制或遗迹。各地文庙形制与曲阜孔庙一脉相传，祭孔仪式随着历代对孔子的推崇不同，而随之发生相应变化。"祭孔"礼乐的不断发展，体现的是历代尊师重教的风气沿袭。

地方文庙祭孔活动的详细规程为：①释奠典礼开始。②鼓初严。③鼓再严。④鼓三严。⑤执事者各司其事。⑥纠仪官就位。⑦陪祭官就位。⑧分献官就位。⑨正献官就位。⑩启扉。⑪瘞毛血。⑫迎神。⑬行三鞠躬礼。⑭进馔。⑮上香。⑯行初献礼。⑰行分献礼。⑱恭读祝文。⑲行三鞠躬礼。⑳行亚献礼。㉑行亚分献礼。㉒行终献礼。㉓行终分献礼。㉔饮福受胙。㉕撤馔。㉖送神。㉗行三鞠躬礼。㉘捧祝帛诣燎所。㉙望燎。㉚复位。㉛阖扉。㉜撤班。㉝礼成。

作为当代的基层教育工作者，不能人云亦云，单纯以落后陈腐来批判祭孔礼乐等祭颂先贤的乡土仪式。数千年来，华夏大地对儒家思想的传承、对儒学教育的尊崇，已然成为国人不可抹去的中华烙印。对待乡土传统文化，要取其精华，去其糟粕，使其为新时代的社会发展和教育教学服务，这是当代学校管理者应该思考和实践的方向。

地方中小学校可以编写地方礼乐课程，进行乡土礼乐的普及应用。有条件的中小学校，可以挑选有礼乐天赋的师生，组建乡土礼乐社团，每两年组成一届乡土礼乐班。邀请乡土礼乐的研究和传承人员作为师资，开展地方礼乐的古琴、箫笛、古筝等器乐培训，系统学习乡土礼乐程序和内容，让师生成为保存地方礼仪制度、传承乡土乐舞民俗的宝贵火种。

当前，地方中小学校可以根据当地乡土礼乐的存在现状，选择本校乡土礼乐的传承主题。如肥城市老城街道初级中学每年举行新生入校仪式，祭颂地方先贤有子，并举行拜师仪式等。还可以通过举办乡土礼乐展演，拍摄乡土礼乐影像，排演乡土礼乐戏剧，组织家庭礼乐活动等，逐渐实现乡土礼仪的全面复兴与世代相传。

第四章

新乡土教育的书院何为

新乡土教育的书院何为

作为官学的有力补充,书院出现于唐代,发展于宋代,以私人讲学、学术交流、科举授课、藏书印书为主要功能。明代全国各级书院数量近2 000所。清代发展到5 000多所,成为书院发展的巅峰时期。随着清末社会内忧外困,西学之风盛行,使得传统教育备受争议,书院的命运不可避免地受到时代裹挟。1901年,清光绪皇帝下诏将各级书院改设为大、中、小学堂,书院千余年的发展历史戛然而止,但其作为不可泯灭的教育记忆,成为研究乡土教育的珍贵史料。

1917和1919年,毛泽东曾两次在湖南岳麓书院学习、居住。在书院遭废止的20年后,即1921年8月,毛泽东在《湖南自修大学创立宣言》中对毁书院誉学校进行了阐释:"人是不能不求学的,求学是要有一块地方并且要有一种组织的。从前求学的地方在书院,书院废而为学校,世人便争毁书院,争誉学校。其实书院和学校各有其可毁,也各有其可誉。所谓书院可毁,在他研究内容不对……但是书院也尽有好处。要晓得书院的好处,先要晓得学校的坏处……学校的第二坏处,是用一种划一的机械的教授法和管理法去戕贼人性。人的资性各不相同,高才低能,悟解迥别,学校则全不管究这些,只晓得用一种同样的东西去灌给你吃……自有划一的教授,而学生无完全的人性；自有机械的管理，而学生无完全的人格。这是学校最大的缺点，有心教育的人所万不能忽视的。学校的第三坏处，是钟点过多，课程过繁。终日埋头于上课，已不知上课以外还有天地，学生往往神昏意怠，全不能用他们的心思为自动自发的研究……回看书院，形式上的坏处虽然也有，但上面所举学校的坏处，则都没有。一来是师生的感情甚笃。二来，没有教授管理，但为精神往来，自由研究。三来，课程简而研讨周，可以优游暇豫，玩学有得。故从'研究的形式'一点说，书院比学校实在优胜得多。但是现代学校有一项特长，就是他'研究的内容'专用科学，或把科学的方法去研究哲学和文学，这一点则是书院所不及学校的。"

一百年前，毛泽东对书院和学校的优缺点分析，在今天看来，仍具有重要参考价值。当今的学校教育和教学模式仍然服从于群体教育需要，无法关注学生的个体差异，不能实现真正意义上的因材施教和自由成长。因此，毛泽东所说的书院优点，可以为广大的中小学校借鉴，实现传统书院教育与当代学校教育的融合与应用。

不可否认，书院在传承华夏文明、交流学术思想、培养选拔人才、教化乡土社会等方面发挥过无可替代的作用。但清政府一纸令下，全国上下废书院改学堂。自古以来，这种不顾各地实情，采取从上而下的一刀切行为，往往后来都饱受争议。

在当时，书院的废止迎合了新文化运动的要求，让书院成为了教育落后的替罪羊，也割裂了传统文化与现代教育的延续纽带，造成了近百年来传统文化的日渐式微。即使是新文化运动的领袖胡适，也在1923年反思："把一千年来书院制完全推翻，而以形式一律的学堂代替教育……实在是吾中国一大不幸事，一千年来学者自动的研究精神，将不复现于今日了。"

近年来，随着经济社会的不断发展，人们在解决身体温饱问题之后，开始追求精神层面需求的满足。传统思想文化以"国学"作为统称，重新出现于当代社会。"国学"这一概念是相对于"西学"而言，是一个集合哲学、历史、文学、艺术于一体的中国传统文化综合体。

当前，各级政府、媒体、学校、社会机构开始重视国学的传承与复兴，纷纷举办各类诗词文学大赛、国学名士评选等活动，对传统文化的当代传承进行了有益的探索和尝试。孔子学院也在世界各国落地生根，成为向世界展示中华传统文化的窗口。

当前，我国尚处于促进经济发展、提高生活水平的时期，以经济建设为中心，不可避免出现重经济轻文化、重科技轻传统的状况。中华人民共和国成立后出生成长的几代中国人，很少有人接受过系统完整的传统文化教育，使得乡土文化教育出现了代际断层，导致一些人无知者无畏，言谈举止间逢古必反，形成了"凡是古代的，都是落后、愚昧的"批判思维定式。还有一些人如同"叶公好龙"，对传统文化不是发自内心的热爱和欣赏，只是附庸风雅而已。在这种氛围中，能坚持深入研究传统文化、实现国学系统传承的人少之又少。

当前，中高考还是以分数为主要评价指标，青少年忙于学科题海研考，无法拿出充足的时间和精力用于研习传统文化。当前，大多数的书院只是形式挂名而已，大多数的国学培训仅仅浅尝辄止，大多数的文化传承都是表演走过场。面对国人的精神焦虑与身心需求，教育何为，学校何为，教师何为？

1949 年，国学大师钱穆表示："中国传统教育制度，最好的莫过于书院制度。"无论是传统书院，还是新办书院，其未来发展，取决于在何种程度契合当前大众的迫切需求，在何种程度实现国学经典的系统传承，在何种程度成为学校教育的有效补充。

传统教育侧重于文化传授、性情教育、人格培养，当代教育侧重于知识学习和能力培养。当前人口流动史无前例，多元文化交融汇集，传统书院与当代学校可以在学校规划、办学理念、校园文化、德育制度、教学模式、质量管理等方面，互相取长补短，实现传承发展，做到以书院治学精神涵养现代教育管理，以传统文化教育来滋养国人身心健康。毕竟，中国人的问题，只能在传统教育文化中寻找解决方法。西方舶来教育理论虽好，但与我们面对的教育环境和教育对象截然不同，就像西餐，偶尔吃顿尚可，长期食用并不适合国人的脾胃。

当代社会，书院何为？如今的地方中小学校，要追寻地方教育文化记忆，研究本地历代书院历史，立足于乡土人文现状，汲取书院教育之长，弥补学校教育之短。中小学校将书院的办学精神融入当前学校管理之中，引入和应用书院教育思想和教学方式，在师生关系、教育管理、课堂模式、学习方法、德育教育等方面进行有效借鉴，在应试教育和素质教育之间取得平衡和发展，有效解决当前教育思想流派层出不穷，智育德育问题却应接不暇的矛盾，成为基层中小学校传承乡土文化、提升办学质量的有效路径。

新乡土教育的书院溯源

随着对地域文化的日益重视,对古代教育历史的深入研究,乡土书院作为古代地方重要的藏书、编书、印书、读书、讲学之地,其价值和作用越来越受人们的重视。

地方中小学校是乡土书院文化的最佳传承地。中小学校作为古代启蒙教育和科举教育在当代的延伸,应该对本地历代书院进行寻根溯源,梳理书院历史脉络,弘扬书院教风学风,树立乡土文化自信,借鉴适合乡土师生的办学方式,应用于当代中小学校的具体教育实践中。

一、乡土书院的渊源类别

(一) 私立书院

书院教育,始于唐代,兴于宋代,一直到清末民初,才逐渐退出历史舞台。私立书院是乡贤倡议或乡民公建的书院,邀请学者前来聚徒讲学;家族书院以家族为单位,聚集子弟授业,类似于私塾,是私立书院的重要组成部分,也是维系家族文运兴衰、支持子孙中举登科的教育场所。私立书院是古代文人幼时读书之处,官员告老还乡后教化族人之地,注重藏书、编书、印书,特别是编写刻印各种塾课和课艺,以便于传播个人学术,指导学生课业。

私立书院的选址，往往选择山野僻静、风景秀丽之处。根据古代文人书画的描绘，可以体会乡贤学者寄情于地域山水之间，游学于旷达幽深之境的感受。这种环境便于静心读书，研讨学问。地方私立书院承载教育文化传播，经历乡贤成长阶段，衍生出众多地域人文往事。同时，以其就地取材的乡土建筑风格，尊师重教的教育文化氛围，庄重优雅的学习生活格局，逐渐成为当地名胜古迹。

乡土书院多处于乡野村落，由于历史事件、战乱事变、村居迁徙等原因，大多数地方书院现在已荡然无存，少数遗址可以根据历史描述，凭借山川参照，进行考察探寻，从而拍摄影像图片，留存真实资料。

（二）官办书院

官办书院是古代各级官府为限制私人书院传播思想，维护统治阶层利益而创办的官方书院。官办书院一般在省、州、县各级官府所在地选址，由政府直接出资或者募集资金，其规模和形制要高于民间私立书院。

官办书院一般由当地行政长官主持设计、施工，很多地方官员亲自参与讲学和授课，以此树立崇教兴学风气，从而为乡启智，为国储材。此类书院一般附设考院，以训练学生参加科举考试为目的，以登科及第为目标。考生一旦中举中进士，就会成为地方官民荣耀，这也是当时评价地方教育质量的重要指标。

由于古代行政官吏多数出身科举，自身学问水平较高，往往亲自题赠书院匾额楹联，传达书院"格物、致知、诚意、正心"的育人目标，以教化乡里，便于施政。"书院官学化"使各级官府在书院的师资任用、组织管理、授课内容及经费拨付等方面，加强了话语权和控制权。

二、乡土书院的全面探究

（一）书院名称由来

大部分的书院名称，以所处山川、地名或方位取名，具有鲜明的地域特征，如徂徕书院、岱南书院、洙源书院；有的以尊崇儒家学说为名，如大成书院、崇仁书院、闵子书院；有的表明办学目标，如崇正书院、锄经书院、希贤书院等；有的以卓然高雅的动植物为名，如白鹤书院、青莲书院、鸾翔书院等；有的以创始人的姓氏或字号命名，如饶公书院、王氏书院、同川书院等。

(二) 书院景观建构

乡土书院的布局与建筑，带有浓郁的地域风格，又融入教书育人之功用，其厅堂牌坊、山石布景、树木搭配、水景构建、亭台楼阁设计，无不凝聚着书院设计者的学术修养、教育寓意和殷切期盼，成为地方知名人文景观。当代学校可以借鉴古代书院平面布局，并将乡土书院知名景观复建在校园之中，以展示古今乡土教育历史，创设优美温馨的育人环境，有效提升校园文化的品位。

(三) 书院匾额题壁

地方书院的匾额、楹联，一般都由官员或贤士撰写，既有文学和书法的双重艺术价值，更是传达了古代书院"修身、齐家、治国、平天下"的育人理念。当代中小学可以进行复制并悬挂于门厅等醒目位置，以时刻激励当代师生。各种志书中关于当地书院的题壁诗文，是古时乡贤学者的触景生情，有感而发，既是对乡土地理历史的综合描绘，也是对书院人文生活的真实写照，成为了解和研究当时社会环境和教育状况的珍贵资料。

(四) 书院学规学记

地域书院的学规学记，是乡土学者的切身感悟，是书院管理者在日常运行、立德修身、为人处世、读经作文等方面梳理凝练的规范要则，类似于当代中小学校的管理标准和要求。乡土书院的学规，与知名书院相比，更符合地方学生实际，有利于师生管理。

(五) 书院遗存实物

广泛搜集地方书院手写试卷、课业文章、庭院赏石、建筑构件、碑刻拓片等，并妥善保存在校史馆或专门展室，作为直观资料进行展示研究，可供师生借鉴利用。

（六）书院师生成就

搜集整理当地书院的创始人、知名学者的著述理论、历代学生的学习故事等，在校史馆、学校专栏中，将其画像简介、各种成就进行陈列宣传，以激励当代师生进行学习效仿。

（七）书院兴衰历史

了解乡土书院创办历史沿革、组织管理方式、办学经费来源，便于研究地方教育历史，借鉴办学经验。同时，追寻清末地方书院转为学堂，民国学堂转为新式中小学，解放后至今存在运行的学校的合并新建历史，从地方教育历史脉络中查找本校及师生的相关事件故事，便于进行相关结合与弘扬。

三、乡土书院的当代价值

开展古代乡土书院的研究和应用，能够拓展地域教育文化的厚度和广度。研究古代书院的选址设计和构建营造，特别是对读书学习氛围的审美创设，对当代学校建设提供借鉴帮助。中小学校复建本地书院景观，举行书院考察研学活动，可以了解乡土教育历史，感悟教育发展轨迹；以乡土书院命名图书馆、教学楼，设置相关介绍，彰显学校办学历史厚重。

当前，各种教育模式流派层出不穷，各类教育创新名词此起彼伏。其实，中小学基础教育是最经不起折腾的。"大道至简"，这种最适合的教育其实就在身边。乡土书院千百年来形成的教育理念、学习方式，特别是藏书与印书并重，读书与讲学并行，学问与道德并进的传统教育方式，也许更适合本地师生的脾胃性情，值得基层教育工作者静下心来进行研究、借鉴和学习。

新乡土教育的学规应用

中国的书院作为聚徒讲学、读书论道的专门场所出现，始于唐末五代。唐末战乱纷争，读书之人只能寻找山野僻静之处，建立房舍，藏书授学，中国的书院教育由此诞生。

条规，意思为条例，规则。当前，《小学生日常行为规范》《中学生日常行为规范（修订）》和《中小学生守则（2015年修订）》是中小学校学生需要全面遵守的行为规范。而古代书院也大多有"院规""规条""学规""训规"，作为师生在德行操守、学习读书等方面的具体要求。

古代官员一般都是通过"学而优则仕"的科举之路来博取功名、为官一方。所以，大部分地方行政长官都热心于所辖区域的教育事业，亲力亲为参与书院修缮建设，讲学授课；同时，邀请山长或学者为书院题写匾额楹联，制定院规条例，以尽尊师重教、办学兴教的职责。历史上著名书院如白鹿洞书院、岳麓书院都有朱熹等人制定的学规，并广为流传。在此之外，众多的地方中小书院也因地制宜，根据当时的学情生情制定出不同的学规，用于书院管理和教学。现以山东长清石麟书院为例，试述乡土书院学规的古为今用，为当代中小学校教育管理提供借鉴和帮助。

清嘉庆十八年（1813年），长清县张夏镇青云庄建"五峰书院"。清嘉庆二十一年（1816年）迁址县城，因处于石麟山下，1823年，"竟名石麟书院可也"。石麟书院是长清知名的官办书院，也是现在长清区石麟小学的前身。

据《长清县志》卷四记载："张元鼎，字合羹，号西园，甘肃镇原人，嘉庆六年（1801年）进士，道光四年（1824年）任长清知县。其只身千里、不携眷属，食不二味、衣不华饰，以俭约为士民倡，公勤于听断，不留疑狱，公余之暇，与士子讲立身谈文艺，有先正风，规读石麟书院训：迪士子文，如登程朱之堂。乙未秋旱蝗蝻起，公督夫捕打，每蝻子一勌（通：斤）发制钱十文，而蝗蝻胥尽，未几以疾告归，耆老饯送犹脱靴，以志去思云。"

张西园先生不远千里，孤身一人从甘肃到山东赴任，为人简朴，处事公正，抗击蝗灾。因病离任之时，受到地方耆老举行的"脱靴高举"之礼，表达爱戴挽留的意愿，受到地方百姓的颂扬。

作为地方行政长官，张西园既勤勉于公务，又结合自身科举经历，进行劝学兴教，为国储才。其非常重视地方教育，为长清官办石麟书院题"迪士子文"匾额，并撰写了《石麟书院诸生条规》，从"立品""读书""作文""用功"四个方面，为地方士子在立德、会学、行文、意志方面提出了详尽的要求。

立品："士先德行而后文章，圣贤千言万语无非欲人返身循理，归诸实践。诸生平日诵诗读书，必以圣贤之心为心。一言为善，必冀我有是善；一言为恶，须防我有是恶。行之于身，确乎为有道之士；宣之于口，粹然为明理之文。斯不负朝廷作人之雅意，吾人学古之初心，若徒事浮词，不务实行。即使文有可观，亦不免虚车之诮，况行止一亏，又万万不能置身通显乎。故不可不立品。"

读书："士不通经果不足用。宰相必取读书人，为其学问深而意气平也。诸生，则古称先为国家储有用之才，必先读人生有用之书。凡圣经贤传列史百家，择精语详博观约取。远可见千古治乱之迹，近可得日用因应之宜；大可察天地阴阳之端，细可通名物象数之理。今日言之，为一时之伟论；他日行之，为当代之名臣。若执守时文专论诵直讲，平日于古今典籍并未讲明融会，一旦为文，无论根柢未富家修者无以为廷献之资。即使时亦弋获而挟持无具，迂疏致儒术之讥，执拗贻苍生之误。不知者谓识有所短，其知者谓学有未纯也。故不可不读书。"

作文："科举为士子进身之阶，数篇诗文今日所谓敷奏以言也。故根柢必须深厚，局面必须整齐，气息必须舂容，音调必须和雅。虽清奇浓淡所好不同，而理明词畅机圆神足，其轨一也。诸生平日用功，必取先正名篇，讲贯习复，久而浃洽发之为文。不必规规摹仿古人，自能貌合神似，然其功候层次又须伐毛洗髓，脱尽町畦方为推陈出新。自铸伟词项水，心所谓身心性命以之者也。至于排律，虽若易能然求工雅，亦须多读多作。昔人云：'熟读唐诗三百首，不会作诗也会吟。'正未可以兹言限也。故不可不作文。"

用功："《论语》首训：时习谓其勤也。勤则意念常惺，精力常萃，如啖蔗者，愈啖愈佳，虽欲罢而不能。操是以往，天下无不可到之境，况制艺乎！今之学者，平时玩愒（kài）偷安，竟恶己之造诣居何等。及其以文会友，则又耻不若人。往往倩代抄胥徒师一时之耳目，否则退避藏拙，卒至毕生，未有出人头地。不勤之害大矣！不知朋友讲习互相观摩，正为己不若人也，亦何耻而不为哉。总由一念之懒牢不可破，故欺人而实以自欺。果能积耻生奋，人一己百则此不若人者，乃其所以大过人者也。古人谓：换去一幅懒骨头，可决其为青云之器也。故不可不用功。"

以上四条，"皆读书作人之大畧（lüè），故特撮举以为準，诸生体之，勿谓老生常谈也"。

乡土书院的学规条例，是古代地方官员或者乡贤学者根据本地书院师生实际，倾尽心力制定的教育教学规范，符合当地人文特点、教育状况、师生需求、读书备考的实际需求。

中小学校可以在地方志书等资料上，寻找到本地各类书院的学规或训规，刻制在适宜大小和形状的原石、石碑等载体之上，摆放在校园合适的场地之中，起到耳濡目染的熏陶作用。学校要组织师生认真研读乡土书院学规中的立德标准、治学要求、读书方法等，探寻其制定年代背景、相关人物故事等乡土教育史料。同时，结合当地学情、生情现状，由师生开展乡土教风学风的研究与传承，进行学习品格和读书方法的对比分析，开展不同学段学规的制定与推广，对当代中小学校的德育管理和教学工作具有积极的促进作用和应用价值。

新乡土教育的课艺交流

课艺的原意是种植。《谈苑》云:"江东居民岁课艺,初年种芋三十亩,计省米三十斛。次年种萝菔三十亩,计益米三十斛,可见其能消食。"明清时期,课艺又指研读科举考试的授课试卷、交流文章等。清代魏源在《陕西按察使赠布政使严公神道碑铭》中写道:"夫人手缲车以教纺棉,二子杂诸生以课艺。"

地方书院的课艺,是指各级书院和新式学堂规定题目和要求,由学生完成的命题文章、日常考试等。其出题、评卷、奖赏制度都很规范严格,通过课艺的训练提升,帮助学生应对各级科举考试。很多书院将山长、教师的范文和学生的佳作汇集付印,并附带优劣圈点和教师评语,以留作教学和交流之用。

《礼记·中庸》"博学之,审问之,慎思之,明辨之,笃行之",概括了从"学"到"用"的关键步骤。通过对不同学术观点进行质疑与申辩,实现学以致用、用以促学,避免闭门造车、学而不通,是中国传统书院开放式讲学的精神所在。为扩大学术交流,进行思维碰撞,地方书院会与周边州县的兄弟书院进行课艺文章交流,互相切磋琢磨,类似于当前学校之间的同课异构、异校赛课等交流形式。同一科举试目,由不同书院的师生进行解读、成文和展示，以便互为借鉴、互相学习。书院山长和教师一般会择其优秀者，编印成册，以供彼此交流学习。

明清时期，书院的功能由教学传道转变为应试科举、博取功名，故与科举密切相关的讲论经义、试策帖括、习练评说，成为不同书院之间学习交流的重要内容。

子曰："三人行，必有我师焉；择其善者而从之，其不善者而改之。"不同书院的山长、教师之间学术流派、教育理念不同，教学方式也不拘一格。尽管当时交通不便，但是乡贤士子仍不顾路途艰辛，相聚在不同的书院之中，或撰文，或讲评，或辩说，开展形式多样的切磋交流。因为同处一个地域，教风文风相近，方言俚语类似，便于互促提升。各书院之间彼此借鉴学习，避免坐井观天、故步自封，师生之间也多有收获，乐在其中。

当代的地方中小学校，拥有古代书院不可比拟的交通、通信、资源等优势。在教育教学管理方面，校长和教师之间可以通过实地观摩、网络交流、听课评课、讲座论坛等方式，实现校情、师情和生情类似的学校之间互助交流、互相学习、互通信息，有效解决教育教学过程中的共性问题和个性困惑。

当前，可以组织地区之间中小学校的同年级、同学科的作文竞赛、社团比赛、学科竞赛等校际交流活动，也可以组织不同学段、高低年级学生之间的朋辈互助交流活动。各学校从不同视角参与其中，及时将交流主题、过程收获编辑成册，实现图文并茂，以供长期保存和学习。

古代乡土书院之间的课艺交流，可以为当代学校借鉴应用，有效拓展师生视野，形成良性学业竞争。通过彼此借鉴学习，互相查缺补漏，同级同类学校之间携手提高，共同进步，实现"各美其美，美美与共"的交流提升目的。

新乡土教育的馆阁书法

科举制度在隋炀帝元年（公元605年）正式诞生，直至清光绪三十一年（公元1905）年正式废除，1 300年的科举制度发展可谓是历史悠久，科举考试也成为文人士子改变命运的重要途径。《唐书》记载，吏部选拔人才的时候，有"身、言、书、判"四个标准。虽然书法位列第三，但在一张考卷定终身的科举时代，考官在评选试卷的时候，书法的优劣起到了重要的作用。

古代文人为了顺利通过科举，既要熟读四书五经，又要通晓韵律文法，文人对于书写方式和布局形态逐渐形成审美共识。历代皇帝和考试主官，面对不同考生的考卷，会对书写工整美观、易于辨识的卷面产生好感。由此，卷面书法从乱到工、从异到同、自上而下，科举馆阁体书法逐渐形成，成为科举士子竞相学习的书法样贴。

一般意义上的馆阁体，是指古代文人士子参加科举考试需要使用的毛笔字体。馆阁体又称台阁体，"台阁"原指尚书，后为官府代称。唐代的柳公权，二十九岁中状元，书法遍学唐代名家，以骨力劲健见长，自成"柳体"一家，与颜真卿的书法并称为"颜筋柳骨"，对后世影响深远。

馆阁体书法早在宋代即已出现。至明代，因馆阁体为皇帝所赏识，而获得很大发展，遂成为一种独立的书体形式。馆阁体在体势上以唐楷中的欧体、颜体、柳体为基础而更趋规范和整饬，气质上取法赵孟、董其昌的秀美，而约以法度和精致。

明代书法家沈度，华亭（今上海金山）人，曾任翰林侍讲学士。沈度擅篆、隶、楷、行等书体，与弟沈粲皆擅长书法，藏于秘府，为明代台阁体书法的代表人物，其书体被称为"馆阁体"。沈度《敬斋箴册》为小楷作品，书于永乐十六年（1418年），其笔力劲道，气格超迈，点画表现为粗不为重、细不为轻，法度俱存，中规中矩；通篇结字匀停，行列齐整，在风格上展露的是那种婉丽飘逸、雍容典雅、不激不厉的气度，颇有儒者之风，代表了馆阁体的最高水准。

古代科举考试，"连中三元"是形容考试中的一种情况，指某个考生参加考试过程中，在乡试、会试、殿试三次考试中，均考得第一名，接连考得"解元""会元""状元"。考卷上馆阁体书法的优劣、美丑决定着考生是否能够录取，关系着古代学子文人一生的命运。

科举历史上，皇帝是最高主考官，掌握着钦定状元的大权。清顺治皇帝喜欢欧阳询的书法，顺治九年的邹忠倚、十五年的孙承恩都擅长欧体书法，因而被顺治皇帝看中，选为状元。清康熙六十年，主考官张鹏翮将前十名的殿试卷呈送，由康熙帝钦点一甲。康熙看过山东东昌府邓钟岳的文章，其内容并非最佳，但其书法章法有致，布局严谨妥贴，既张弛有度，又神采斐然，让康熙帝极为欣赏，在邓钟岳的试卷上御批："文章平平，字压天下。"邓钟岳因书法出色被钦点为状元，原第一、二名却因书法略逊，而降为榜眼和探花。清道光九年，龚自珍参加殿试，其策论写得既切中时弊，又灵动流畅，五位读卷大臣无不赞叹。但由于龚自珍不善小楷，字欠工整，而道光帝恰恰又最重书法，只好把他排在三甲十九名，在整个登科人数中被排在一百二十八名，未能进入翰林院，仅授予同进士出身。

以上几个例子，证明了在古代士子书法在科举考试中的重要性。正如康有为总结道:"得者若升天,失者若坠地,失坠之由,皆以楷法。荣辱之所关,岂不重哉!"

古代的各类信息传播交流主要依靠手写,如果书法不佳,即使进入仕途,也处处受阻。刘恒在《中国书法史·清代卷》中讲过例子:乾隆年间经学家庄存与因为书法不好,在翰林院岁考时受到皇帝呵斥,被暂停编修职务数年。

古代的教书先生、文人学者,甚至普通的账房先生,都能写得一手流畅大方的毛笔楷书,在今天都能称之为书法家。以前的教师,没有多媒体教学设备可以依赖,全靠毛笔字、粉笔字和钢笔字带给学生智慧的指引。满黑板规范漂亮的粉笔书法,作业上洒脱优美的钢笔批阅,对学生进行了书法艺术的启蒙,在善于模仿的青少年时期,很多学生的书法临帖就是从模仿教师范字开始。

提高学生的书写水平,要从提升教师的书法水平抓起。以前,"三字一画"即"粉笔字、钢笔字、毛笔字、简笔画"是师范学校必练的基本功。很多书写基础不好的师范生,经过三年师范教育日复一日的训练和展示,也能写得有模有样。即使走上工作岗位,书法水平也要接受相关的定期考核。而现在,随着现代化教学设备的广泛应用,多媒体教育手段的使用成为评价一节好课的必备标准,而对教师板书等基本功的要求逐渐降低甚至消失。很多年轻教师的板书拿不出手,甚至一节课都不写一个字,全部由多媒体出示,规避了自己的书写短板。就像当代一些画家,可以画画,但书法不佳,需要委托他人代为题款。

中考、高考毕竟不能用电脑打字答卷,还是需要提笔书写答卷。汉字书法,英语书写,数理化演绎,都需要字体端正、易于识别。所以,书写是学生绕不过去的一道坎。教师必须要以身为范,认真书写板书,给学生做好示范,学校要在这方面建立定期考核制度,督促教师练好基本功。

当前,中、高考普遍采用电子阅卷,要将学生纸质试卷扫描入网络。阅卷老师一天要面对电脑批改成百上千份考卷，身心容易疲惫。现在的学生，特别是初高中毕业生，在卷面上丢失分数的不在少数。如果考生不注意卷面布局、字迹清楚、字形端正、大小一致，每学科因书写问题丢失几分乃至十几分，所有学科因此而造成的总失分就很让人可惜。有些考生的字体算不上漂亮，但可以做到端正，容易识别，让几秒钟掠过一份答案的阅卷老师能够识别清晰，保证分数应得尽得，甚至获取主观卷面分数。

当代中小学生所受的书法训练，与古时私塾或者书院的书写训练相差甚远。随着青少年手指的发育逐渐成熟，需要进行由浅入深的专业书法训练，结合各学科试卷，练就在空白试卷上巧布局、端字体、快速度的考试书法。

中小学校要提高对考试书法的重视程度，组织开设学科书法课，严格规定周月课时，保证书法教学时间。采用严格的书法考级制度，将学生的日常书法分为优、良、差等级，严控合格比例，促进训练提升。组织网上阅卷观摩活动，让学生换位思考，站在阅卷老师的角度，观摩体验真实的网上阅卷环节，认清书写质量对阅卷成绩的重大影响。一旦学生真正从思想上重视、从日常中训练，坚持每日摹写，假以时日，就能写出一手好字，并将受益终身。

古代馆阁体书法尽管有书写不自由、个性欠发挥的一面，但考官可以将精力放在试贴内容和试卷质量之上，对维护考试公平有关键的作用。一张字迹美观、卷面整洁、答题准确的考卷，是对学生自身和阅卷教师的尊重。试卷书法工整漂亮能让阅卷老师视觉舒服，无形中也会为卷面减少客观失分。当前，"衡中体"考试书法的流行，是衡水中学对考试研究的精细举措，也是中高考对考生书法的一定要求。

地方中小学在重视多媒体教学的同时，不要忽略各种考试依旧用笔书写答卷的现实。在抓好文化课教学的同时，要加强对学科书法的专题训练，特别是对硬笔书法书写的布局合理、工整迅速的要求，不让学生在卷面书写上丢失无谓分数，通过书法对学生升入理想的学校提供一定的帮助。

新乡土教育的书院思辨

每个人回望和审视自己的成长历程，会发现都或多或少受到他人的正面或负面影响，但这种影响往往是被动的、不系统的、碎片化的。对于身处心智发育期的青少年来说，需要的是耐心细致、主动跟进地跟踪指导，而不是在个人重复摸索中走弯路、甚至走错路。现实生活中，很多青少年的身心成长极少得到成年人和社会的及时关注，更缺乏一对一跟进纠偏、鼓励扶持。

当前，人们有机会获取海量的多媒体信息，但大多数以网络碎片式信息的灌输为主，让相当一部分青少年如同温水煮青蛙，一步一步丧失奋斗的意志和持久的行动力，渐渐沦为"思想的巨人、行动的矮子"。家长教师反复进行的思想教育、百般无奈下的训斥责骂，都无法从根本上撼动其麻木的内心，从而陷入双方对峙的持久战。长此以往，这些青少年浪费了知识学习的黄金时代，耗费了身心成长的宝贵时间，而且有些孩子软硬不吃，让家校双方无计可施、无可奈何。

二十一世纪以前出生的青少年，限于物质和精神的匮乏，很多事情需要自己亲力亲为，从而获取了宝贵的主动思考经历和成长体验。而部分当代青少年，生活中衣来伸手、饭来张口，备受全家上下的溺爱和关注，习惯于各种媒体信息的成品输入，缺乏乡土生活体验，缺乏受挫折的生活经历，缺乏深度思考和自我感悟，缺乏改变命运的生存刺激，为数不少的"啃老一族"

"手机巨婴"已经出现在我们周围,并成为一些家庭悲剧的导火索。

当前,对于从事一线教学的教师而言,能让学生内心深处得到触动,是最难实现的教育成效。当前教师、家长与学生之间的沟通交流,更多的是师长的一厢情愿和孩子的无动于衷,很少出现彼此的换位思考、深度的思想交流、满意的教育效果。

《礼记·中庸》曰:"博学之,审问之,慎思之,明辨之,笃行之。"学、问、思、辨、行是完整的学习思维模型。当代中小学校和教育工作者,需要研究学生身心健康问题,及时跟进处理。营造真实的问题情境,由学生进行激烈辩论和深度思考,找出自身和群体面临的相关问题,引发欢乐或痛苦的共鸣,对抗外界各种诱惑,改变长期失当行为,形成受益终身的良好习惯和积极心态。

《论语》是孔子与弟子的言论集,孔子因材施教,倡导"有教无类"。孔子与弟子的交流是平等随机的对话,而不是自上而下的灌输。孔子与弟子随意坐于乡野,师生在安静和谐的氛围内进行思辨交流,成就了《论语》这本影响中国人千百年的师生对话言论集。

中小学校需要借鉴和沿袭古代书院的师生平等传统,以班级或学校为单位,通过搜集共性与个性案例,开展对身心问题的整理和归纳。然后,定期或随机开展话题思辨活动,选择合适的交流环境,或随机访谈,或单独谈心,或集体交流。由学生组织思辨材料,教师进行点拨提升,实现他育到自育的教育方式改变。教师在教育和引导他人的过程中,能够更深刻地联想、审视和反省自我,实现修正提升,这也是古代书院审辨式思维的当代应用价值。

明代大儒王阳明先生认为:"为学不可离群索居,不可一曝十寒,不可独学无友。固守一地,专从一师难以长进。"提高师生的学问和修为,最好的方式是经常聚会论辩,师友砥砺切磋,使道德仁义之习日亲日近,世利纷华之染日远日疏,才能充分发挥教育的立德树人功能,让身处迷惘的青少年在人生关键时期,得到家校和社会的及时关注和精准指导,能够少走弯路和错路,及时回归正常轨道,实现身心与学业的同步发展。

新乡土教育的书院读书

当前,各级教育部门及专家学者,经常给师生推荐不同种类的必读书目,在寒暑假或者日常学习中进行阅读。这些必读书目以古今中外的名著为主,分类标准、推荐数量不一。当代青少年需要读什么、如何读,要根据其学段进度、学业水平、身心需求,选择合适的书目进行选读。

当前师生阅读普遍存在"读得少,读不全"的现象,日常只能依靠电子媒体进行相关碎片化阅读,容易出现"书到用时方恨少"的尴尬局面。身为中国人,应从身边读起,从传统读起,让诗书浸润师生的身心成长,实现人文素养的全面提升。

一、传统阅读要读什么

(一)读启蒙读物

古代幼儿阶段,需要读的启蒙书有《三字经》《百家姓》《千字文》《千家诗》《朱子格言》《增广贤文》《幼学琼林》等。"熟读《三字经》,可知千古事",这些启蒙读物字数少,篇幅短,对仗工整,朗朗上口,适合全文背诵。

(二) 读经典原著

四书五经、唐诗宋词等经典篇目，是中国传统文化的不竭源泉。当前中小学语文教材中，各类文章体裁编排分散，文言文比例偏少，传统诗文教学往往浅尝辄止，无法深入系统学习。受到篇幅限制，当前语文教材选编的部分古文，只能节选文中名段或选取名人某篇。由于缺乏古诗文的系列化阅读，特别是背诵数量严重不足，导致当代人群的传统诗文修养普遍偏低。传统诗文教育的逐渐式微，导致大部分民众对千百年来流传下来的文言诗文往往一脸懵然，需要像外语一样翻译学习，这种状况应该引发教育界的反思与行动。

清代济南的《湖南书院训规》规定，教学内容以春、夏、秋、冬四季安排，列入计划中的书目，要求学生必读必精，并须深入探究，理解其中的要旨。其书目供参考如下：

春三月：《四书》之《论语》上下，《易经》上经，《尚书》之《虞书》，《诗经》之《国风》《王风》，《春秋》隐、桓、庄三公，《礼记》之《四礼》到《文王世子》，《性理大全》之《太极图》《通书》《西铭》《正蒙》，《资治通鉴纲目》周威烈王至西汉、东汉，《孝经》《小学》。

夏三月：《四书》之《大学》《中庸》，《易经》下经，《尚书》之《夏书》《商书》，《诗经》之《小雅》，《春秋》僖、闵、文三公，《礼记》之《礼运》到《学记》，《性理大全》之《皇极经世书》到《洪范皇权》，《资治通鉴纲目》晋到隋，《近思录》《皇明正要》。

秋三月：《四书》之《孟子》上下，《易经）系辞上，《尚书》之《泰誓》至《多士》，《诗经)之《大雅》，《春秋》宣、成、襄三公，《礼记》之《乐记》至《经解》，《性理大会》之《理气》至《学》诸卷，《资治通鉴纲目》唐至五代，《大学衍义》前半部。

冬三月：《四书》复究一遍，《易经》系辞下至终，《尚书》之《无逸》

到《秦誓》,《诗经》之《周颂》《鲁颂》《商颂》,《春秋》昭、定、哀三公,《礼记》之《哀公问》,《性理大全》自朱子至终,《资治通鉴纲目》宋元,《大学衍义》后半部。

(三) 读乡土杂书

乡土杂书,包括各类俚言杂字、传说故事、乡贤诗文、地方杂谈等,包含地域历史地理、人文故事、风物特产等内容,是学习和了解本地乡土文化的重要渠道。泛读地方杂书,就是穿越时空与乡土对话,了解乡民所思、所为、所感,熟悉所处地域的前世今生故事。

(四) 读纸质书籍

随着科技时代的到来,各类电子书、手机、电脑等多媒体阅读设备,以海量信息和便携优势占据了人们的闲暇时光。多媒体设备的主动灌输,逐渐将人们的思维变得懒惰,只需要被动接受即可,甚至不需要思考。比如老版电视剧《西游记》中的孙悟空形象,一旦被人们认可接受,就会不自觉进行思想固化,以后再看到其他影视剧里的孙悟空,就会与脑中的原有形象进行比较。多媒体影视的先入为主,使得人们对文学作品的人物形象产生思维定式,丧失了个人天马行空的思维想象过程。

"一千个读者眼中,有一千个哈姆雷特。"捧起纸质书本,闻着纸味墨香,通过视觉将文字输入头脑,转化为脑中相应的形象,全面调动读者的观察力、思考力、想象力,这就是纸质图书的魅力所在。此外,纸媒的封面、版式、布局、配图、内容,都在传达作者及编者的个人思维特征,引发阅读者的共鸣感悟。

(五) 读专业书籍

当前,对待读书的一般观点是尽量让学生广泛阅读,以便学以致用。但在当今知识爆炸的时代,即使穷尽一生勤读不辍,与世界上现存书籍种类数量相比，所读之书不过是九牛一毛。"用以致学"应当成为当代师生的读书原则，这样更有指向性，准确性也更高。根据教育问题需要和师生个体需求，将学习、工作、生活所需领域的专业书籍，尽量搜集齐全，并进行对比参照研究，方能日积月累、去伪存真，全面提升自我的专业水平，逐渐成为该领域的行家里手。

二、传统阅读如何开展

（一）从小读

少年儿童阶段，即幼儿园和小学阶段，是一个人语言发展和阅读理解能力提升的黄金时期。当前的语文教材中文言文的比例偏少，特别是在小学阶段，大量的时间用在"拼、说、读、写"现代白话文之中。学校要引导青少年在课外、假期进行古代蒙学读物、经典诗文的全文诵读。通过日日不断，久久为功，逐渐习以为常，练就饱读诗文经典的童子功，必将终身受益，达到"熟读唐诗三百首，不会作诗也会吟"的境界。

（二）随时读

现在各种冠以书院、讲堂名义的教育机构层出不穷，其实真正的阅读，不需要设置专门的场馆。曾国藩曾说："神仙之境，皆不能读书。何必择地，何必择时，但自问立志真不真耳。"日常携书一本，随时随地可读，比一天到晚看消息、刷视频、玩游戏的终日混沌要有意义得多。读书如修炼，需要进入以馍沾墨的忘我学习境界，才能获得学问精进，这才是真正的读书人品性。

（三）迎难读

中国人使用了千百年的文言诗文，到了当今时代，竟然如同学习外语一样，需要进行白话翻译，让当代国人情何以堪？曾国藩曰："一句不通，不看下句；今日不通，明日再读；今年不通，明年再读，此所谓耐也。"面对苦涩难懂的诗文，要有抓铁留痕的顽强精神，逐字逐句诵读经典原著，将全文钻深读透，方能从懵懵懂懂到豁然开朗，进而熟稔于心，一通百通。

（四）深入读

曾国藩在"致诸弟·讲读经史方法"中指出："读史之法，莫妙于设身处地，每看一处如我便与当时之人，酬酢笑语于其间。"在阅读古代诗文的过程中，要从作者角度换位思考，方能置身文中角色，体验时代异同，融入自我感悟，自然能实现对文章的深度研习。

（五）反复读

"书读百遍，其义自见。"很多人读书只读一遍，如同与人见面，第一印象往往并不准确，要多交往几次，才能全面熟悉了解。读书亦是如此，要反复研读，经典语句要背诵摘记。长此以往，方能实现厚积而薄发的效果。

（六）全员读

当下各种国学比赛、诗词大会纷纷举办，虽然精彩纷呈，但毕竟只有少数人才能参与。当前的阅读现状，是不读书的领导要求下属读；不读书的老师要求学生读；不读书的家长要求孩子读。所以，读书要注重言传身教，可以采取教师领读、家长陪读、学生主读、社会共读的方式，营造全员读书氛围。

杨绛先生在答复一位年轻读者的信中，针对他的人生迷茫，写道："你的问题主要在于读书不多，而想得太多。""四书五经"是中国人的文化根脉，"唐诗宋词"是中国人的思想寄托。阅读，是最好的自我教育，而阅读传统经典，即是中国人的寻根之路。

当代的中小学校，需要家校携手创造条件，展示"我的书房或书架"，举办"乡土诗文吟诵大赛"，评选"书香家庭、书香个人""优秀读书札记"，进行"传统诗文情景剧"表演等，开展听、说、写、讲、做的阅读延伸，做到人人参与，个个展示，从而实现新一代青少年传统诗文素养的全面提升。

传统诗文素养一旦形成，将在人生的不同时期陆续渗透迸发，生成"腹有诗书气自华"的独特气质，让今后的青少年不再出现对传统诗文理解浅薄的局面。毕竟，每个人成年后的出口成章，都得益于青少年时期的广泛阅读，是量变引发质变后的必然结果。

新乡土教育的书院会讲

中国传统书院的功能是藏书、编书、讲学和祭祀，其中，讲学的方式主要分为升堂讲学和会讲讲会。"升堂"讲学，类似于当代学校的教师主讲，学生倾听的方式；"会讲"讲学，意为观点相似或迥异的师生进行会谈式讲学，在陈述、论辩中各抒己见，产生思维碰撞，当面切磋学问，实现共同提升。

宋代理学大师朱熹，参与过两次历史上著名的会讲。一是"朱张会讲"。据朱熹《中和旧说序》记载，朱熹的老师李侗去世后，他在"中庸之义"的问题上存有困惑，且二程师说不一，听说胡宏弟子张栻对此颇有心得，遂产生"往从而问焉"的想法。南宋乾道三年（1167年），朱熹与张栻终于相见于岳麓书院，"二先生论《中庸》之义，三日夜而不能合"，可见两人切磋之深入，惺惺相惜，而后继续论学两个多月，两人才互相告别。

二是"鹅湖会讲"。南宋淳熙二年（1175年），受吕祖谦邀请，朱熹和陆九渊、陆九龄兄弟，在信州鹅湖寺进行会讲，各自代表客观唯心主义和主观唯心主义开展激烈辩论，双方学生围观倾听。会讲历时三天，由于意见相左，不欢而散，却给彼此的学术提供了互相学习、互为提升的机会。此次会讲之后，双方都对自己的思想学说进行了反思，私交竟越来越好。多年之后，陆九渊邀请朱熹为其兄弟陆九龄写墓志铭。后来，朱熹邀请陆九渊到白鹿洞书院讲学，并为其《白鹿洞书院讲义》题跋。陆九渊去世后，朱熹率弟子痛哭流涕，体现了个人学说观点不同但尊重对方学术自由的坦荡君子风范。

"会讲"作为书院学者之间思想交流的方式，被后世众多书院采用和推行，不同书院的师生可以跨书院、跨流派进行讲学和观摩。这种开放包容的学术交流，成为古代书院和师生之间互相交流的有效方式，推动中国传统文人达成"为天地立心，为生民立命，为往圣继绝学，为万世开太平"的人生追求。

明代，书院之间在"会讲"基础上，出现了"讲会"形式。二者的不同之处在于会讲是不定期举办，讲会则是定期举办，讲会分为年会、月会，逐渐形成一套完整的规范和制度，并将组织形式和活动要求以"会约"的方式固定下来。

"讲会"的主讲，可以是书院的山长、教师，也可以是被邀请的外来学者，书院学生也可参与其中。大家各抒己见，进行争论交流，互相汲取知识，修正提升自我。"会讲"和"讲会"方式，改变了古代传授知识主要靠死记硬背、灌输知识的方式，为当代学校借鉴古代书院教育方式提供了新的认识和思路。

当代中小学校，与兄弟学校之间也有类似的校际交流形式，但大部分是同课异构的听评课活动，或走马观花式的参观学习，缺乏在"备、教、学、练、考"各环节的互相质疑，缺乏在办学思想和具体举措上的全面碰撞。来自不同学校的校长教师间开展交流活动，以互相夸赞为多，缺乏"照照脸，出出汗"的深度剖析，导致彼此的工作现状得不到真实的批评和反思。不同学校的学生之间，也欠缺共性和个性问题观点的交流机会，尤其是缺乏榜样引领、朋辈互助活动的开展。

当前，教育界内外的各种沙龙、讲坛、论坛等，成为古代书院会讲制度的当代延伸。尽管形式类似，但现代不同教育思想、教育观点之间交流的深度与广度，无法与古代书院的会讲相提并论，没有达到穷尽其理、追根溯源的程度。

当代教育管理部门、协会组织和基层中小学校可以借鉴传统书院的会讲和讲会制度，组织不同学校之间定期或不定期的主题交流。

一、定时间

定期组织相关交流，可以利用工作时间或寒暑假、周末进行，最好按照相关课程进度、德育时段节点提前开展，便于及时应用。

二、定主题

针对学校教育教学管理、师生成长困惑、家校合作育人等问题，共同确定交流活动的主题，做到提前谋划、逐步推进。

三、定形式

根据学校之间的距离远近、交通状况、师生实际，采取线上或者线下活动的具体形式，实现活动效果最优化。

四、定地点

根据交流的主题，选择在某一方面有代表性的学校开展活动，采取圆桌式或围坐式的方式进行，便于双方交流和观众倾听。

五、定人员

确定参与会讲的范围和人员，推选在该领域有发言权的教师或个人进行主讲或辩论，可以通过网络进行直播，并录制视频随时播放，让更多的师生受益。

地方中小学校之间，通过应用古代书院会讲形式，从管理干部到普通师生、从教风学风到课堂实践、从德育管理到后勤服务、从校园设计到文化构建、从素质提升到质量保证等方面，进行不同学校和师生之间思想学术的深度碰撞、激烈交流，做到互相学习、相互切磋，实现不同学校和师生"各美其美，美美与共"的共同成长。

新乡土教育的书院考课

考课作为书院评价学生的重要方式，最早出现在秦汉时期，在宋代成为书院的日常制度。

随着科举制度的发展和完备，明初朱元璋规定："非科举者，毋得与官。"考课式书院在明代逐渐兴起，在清代成为乡土书院的主流。各级官办书院，多由地方长官参与筹建和运行，这样能够获取更多官方支持，也使大部分乡土书院逐渐接受政府的引导和管理。乡土书院的主要功能由学术交流逐渐转型为科举应试，为国家和地方选拔储备人才。

书院考课制度分为入学考试和日常考试。参加入学考试的生徒分为两类，一类是没有考上秀才的人，称为童生；一类是已经考上秀才的人，称为生员。录取人数根据书院的规模而定，正式录取的生员和童生，简称为生童，被称为"正课生"，即正式学生。

书院的日常考试，根据组织机构和性质，分为官课和师课。官课又称为大课，是官府主持的考试，类似于现在教育部门组织的统考，其出题、审卷、奖励都由官府负责，根据考试机关的行政级别不同，分为县课、州课、府课、道课、学院课、部院课等。

师课则是由书院自行组织的考试，由书院院长即山长出题，称之为小课，考试内容与官方类似。一般书院每月大课一次，由官府举办，安排在月初；小课两次，由书院自行举办，安排在月中或者月末。每次书院考试时间为一整天，早上入场，日落交卷。为防止作弊，书院关闭大门，不准私自外出、更不准找人代答，违反者予以除名。

考课按文章优劣划分名次，生员即秀才，分为超等、特等、一等三个等级。童生即未考中秀才者，分为上取、中取、次取三个等级，每个等级评定人数不等，前两个等级一般6~8人，最末等级20人左右。但凡三次抄袭雷同、未完成考课、成绩在末等20名以后的开除，以"附课生"即旁听生递补。

对考课优胜者，书院一般奖励花红或膏火，类似于当今的奖学金。花红指赏金，以前喜庆日子往往插金花、披大红。膏火，膏指灯油，膏火指灯火，古代晚上读书需要买灯油，代指读书和生活费用。每次考课根据名次，分别奖励银钱百余文至六七百文。

书院考课，一般撰誊于专用木刻格子纸，其书口位置一般印有该书院名称，封面也印制书院名称，并钤印官府或书院大印，以作辨别、标记、防伪之用。考官或教师会对考课正文进行评点批注，并对文笔通达之处进行圈点标注。在考课结尾空白处，则进行洋洋洒洒地全文评点，指出遣词造句、引文考究、法式结构、音诂韵律的优劣之处，供生童不断修改提升。

书院考课自唐代出现，至清末书院转为各级学堂结束，历时一千多年，伴随着科举制度而兴衰。当前，中考、高考仍是国家选拔人才的主要方式。通过搜集和研究各级书院，特别是乡土书院的考课试卷，对研究传统文言文体撰写，古代教师点评方式用语、研究地方乡贤名人学习历程、设立当代学校分层奖学方式等，具有重要价值和意义。

近年来，肥城市老城街道初级中学注重培养学生参加期中、期末统考试卷的规范性、严谨性习惯，进行了学生考试书法专项训练、网上阅卷流程观摩，以查缺补漏，及时警醒。根据乡土教育文化主题，设立鸢翔、卧虎、火枪、跃鲤四队，鸢翔队喻为飞翔在同级学生最高端，卧虎队喻为追赶任何一只自满的"鸢翔"，火枪队喻为击落任何一只骄傲的"鸢翔"和"卧虎"，跃鲤队表彰奋起直追的后进生，每两个月为一个评选周期，进行表彰、奖励和宣传，发挥及时提醒、随时督促的作用，形成了"比、学、赶、超、带"的良性竞争氛围。同时，设立了"鸢翔杯"助学基金，对优秀学生进行学业和生活资助，激发学生拼搏上进的奋斗意识，保证学业成绩的稳步提升。

第五章

新乡土学校的地域展现

新乡土学校的山水小品

"仁者乐山，知者乐水。"山水意象是中国人用来表达"志向"的，因为"志向"是抽象的，抽象的东西难以被人理解的时候，要用形象的、直观的载体来表达。地域山水在中华民族的精神文化中被赋予多层含义和象征，承载着人们的家国情怀、民族精神、个人情感以及对美好生活的向往。各地的山水名胜、亭台楼阁，是古人对乡土文化的直观认知和寄情展现，蕴含丰富的历史故事和人生哲理，反映了地域价值观念的形成过程和发展历史。

明清时期，很多府县将地域内的地理风貌、人文景观、历史传说、名人轶事相结合，评选本地有代表性的"古八景"或者"古十景"。很多乡贤文人寄情山水，借景抒情，以诗词歌赋的形式吟咏家乡，并抄录于绢纸，题写于匾额，凿刻于摩崖，铭记于石碑。后人在这些山水景观及诗文的思乡土过往中，探往昔盛况，追寻充满诗意的地域文化意境。

近代以来，很多地方历史古迹在战乱、人为和自然的影响下被摧毁。伴随大量老街巷的拆除、老村落的废弃，最后仅存的乡土遗迹，也大多面临被拆除、破坏甚至填埋的命运，即将永远消失在人们的视野里。与此同时，随着社会经济发展造成的人为地形地貌改变，很多地方已经很难寻觅往日地域胜景的真实遗存。

中小学校在建设或改造的过程中，可以将古代山水咏志寄情的功能，融入校园环境的设计之中。选择由于种种原因即将消逝的地域山水景观的经典之处，设计山水小品，融合人文故事，在校园之中予以重现。通过精心选址施工，尽量原貌展示，达成"虽为人工，宛若天成"的传统造园境界，实现古代山水古迹和当代校园环境的全面融合。

一、山水选择

一是寻找本地由于历史原因、自然变迁、社会建设等，现已不复存在的地域山水景观。譬如清代几乎每个州县都有的"古八景"或者"古十景"，都曾是当地具有代表性的知名景观，可以选择与本地相关的景观进行复原重建，很多志书中有相关的线描木刻图画可供参考。二是可以从当地乡贤名士著作中，查找可用的景观描述，特别是与教育文化密切相关的文庙、书院文章诗句。三是寻找承载重要地域事件或人物故事的山水景观、亭台楼阁、摩崖刻字等，选取其典型特征，在校园中予以展现。四是现存的地方文化古迹尽量不要涉及，以免重复建设。五是截取历史景观中具有代表性的部分进行重构，突出景观的典型特征，通过以点带面，做到"窥一斑而知全豹"。不贪大求全，增加无谓造价，只要尽可能还原地域景观的关键局部，与历史记载相吻合即可。

二、位置规划

校园内如果有自然的坡地或者山形土坡、石丘，可直接作为山水小品的载体。如孔子于杏林除地为坛，弟子围坐四周，便成为"杏坛讲学"的由来。地域山水小品的重现，要根据学校整体空间的位置朝向，选择校园景观的中心区域，位于师生来往的必经之路。山水景观的选址不要定在校园的偏僻之处，容易留有观察盲区，不便于进行安全管理。

2015年，肥城市老城街道初级中学还在使用旱厕，这间建于上世纪八十年代的厕所，已经使用了近三十年，里面的砖柱已经出现了裂痕，成为危房。在启动新厕所的建设工作之后，旧厕所的拆除随即展开，使用挖掘机把整个地上建筑和地下部分全部挖出来装车拉走，既防止遗留异味，又为校园山水景观的设置提供了空间。

三、设计施工

根据历代绘制的反映地域人文风光的山水画，结合志书上记载的名胜木刻图，进行地域山水意境的设计与规划。建设过程中，要提前按照比例绘制图纸，并在地面打桩拉线，标记尺寸，以便于把握大小和及时调整。山体要根据当地的土石构成、走向特征等进行复原，保证山水景观的真实地域特征。要采用与当地山体相同的自然原石进行堆砌，在同一座山体上不要使用不同材质的石头，在自然界的山体形成中很少出现类似现象，看起来会太虚假、太突兀。山石材料可向附近村居或者企事业单位争取支援，将其废弃假山或者闲置原石争取过来，以变废为宝、节约资金。也可以在附近山场适当选购山石，需要对照效果图，进行实地逐块挑选，便于控制成本。

以前，肥城市老城街道初级中学校园里有一座破旧不堪的铁亭，长期无人维护，顶部已经有两块铁皮缺失，整个围栏护栏腐蚀严重，已经达到拆除废弃的程度。2015年，在对老旧校园进行必要整修的时候，为了尽可能留下学校过去的印记，让多年后回母校看看的校友能够找到当初的记忆，学校对铁亭进行了保留。怎样利用旧厕所拆除后遗留的狭长的空间，实现怀旧、实用和审美的多方结合，成为当时反复思考的重点。如果在旧厕所的原址上堆土成山，由于面积体量太小，新堆土方如果不经过几年的沉实，遇到雨水冲刷，不但容易发生滑坡的危险，也会导致校园内外泥水横流，在松软的土山上放置一座铁质的亭子更是难题。

经过反复思考，决定采取"土石相辅，屋亭结合"的构建方式。在旱厕原址南北的中点，规划一个现浇结构的六角建筑底座，其上部平台作为铁亭的地面，地桩现浇结构能够保障整体建筑的稳定。现浇框架结构根据地方大小和附近院墙高度决定，中间六根柱子从地下预埋，向上竖起，一直露出平台，向上延伸成为铁亭的六根支柱。

原有铁亭的结构保持不变，更换、修补了破损的顶部铁板，吊装焊接在预埋的六柱上，重新用方管焊接制作了亭子的檐枋结构。铁亭平台下方的空心建筑结构采用钢筋框架现浇完成，为后期石山的堆砌和山体新土的防溃提供了稳固支撑。

四、空间利用

山体内部的空心框架式水泥结构，要在顶面及四周做好防水处理，避免山体遇雨存水，造成内部潮湿。在合适位置设置入口和窗户，便于通风防潮，门窗周边可以用山石堆砌过渡，做成洞口形状，与山体浑然一体。内部可以做成储藏空间，弥补学校工具储藏室、水电控制室的不足，也可以作为户外教学区，或直接做成天然山洞，成为学生们穿越探险的空间。

五、堆砌搭建

"鸾台夜月"是肥城清代"古八景"之一。肥城中部几个乡镇是北方太湖石的出产地，作为一种大而拙的带孔白皮青石，广泛分布在当地丘陵山区，这类石头体量硕大，但缺少南方太湖石的玲珑剔透。通过多方寻觅，争取到援助解决了堆山原石的来源，这些外形各异的巨石，小的一两吨，大的三四吨，完成山体堆砌需要请专业人士完成，以保证后期的结构安全。因为是人工成山，不是天然地壳运动生成，缺乏自然基础支撑，所以山体不宜太高，以防暴雨渗透造成土石坍塌。

通过从事过山石堆砌施工的吊车司机，找到专门从事石山堆砌的老师傅进行指导。干砌山石时，要夯实地面，用毛石打好基础，用适当标号的砼搅拌水泥，浇筑钢筋现浇底座结构，以保持长期稳定性。按照山形设计，提前挑选石头，做好朝向标记。采取石片干插、垫缝稳定的方式，按朝向把石头一块块叠放在一起，将整个石山慢慢地干砌起来。通过不断叠加堆砌，整个过程不用一点水泥，也不依附于亭子和下面底台，单凭石头之间的插石垫稳，实现整个山体独立于地面上，让人不得不叹服劳动人民的智慧。

堆砌山体时，要注意选择石头的朝向、大小、形状，并用粉笔做好标记。要注意山石材质和走向的一致性，常年外露风化的部分颜色较浅，依旧向外摆放，长期在土里埋着的深色部分还是向内，保持外观颜色纹理的自然一致。干砌时，用石板塞垫住缝隙，待整体稳定后，用高标号水泥塞填黏合，等完全凝固后，才可进行填土绿化。最后，用土方填充石头背后的缝隙和空间，并用水经常浇灌，让松土慢慢沉降变实。

六、水景构建

"龙沼"是"鸢台"前面的水池，也兼做消防水池。"龙沼春霖"也是肥城清代"古八景"之一，位于明代都察院右副都御史李邦珍幼时读书的牛山半山腰。由于过往师生密集，出于安全考虑，位于山景前的"龙沼"宜浅不宜深，最深处不要超过五十厘米，防止发生危险。在山前随形弯曲，挖出水池的形状，铺上加厚水产养殖防渗布，上面用水泥打底防护，然后粘贴直径五六厘米的防滑鹅卵石。在水池中间，沿着南北方向摆放村头巷尾搜集到的石磨盘，按照人的正常步幅，每间隔三四十厘米摆放一个充当水中踏石，上面的石磨凹槽正好起到防滑效果。水池中间放置一个大石磨盘作为停歇平台，穿插摆放几块形似动物的石头露出水面，作为山体的过渡和点缀。

"鸢台"顶端和中部，各镶嵌一块石板，形成二级跌水台。将较小功率的园林泵，放置在水池的最低处，通过预埋到假山缝隙里的水管吸水至山体上部，借助外伸石板平台，产生"龙沼春霖"的淋漓滴落效果。在水池的合适位置要铺设隐蔽补水设施，以解决水池由于自然蒸发而产生的补水需求。

石山周边要合理设置排水设施，与学校排水系统相连，避免暴雨冲刷污染校园。水池的边缘要设置低于池畔最高点的溢水口，便于在水满外溢时提前排水，防止暴雨造成大水漫池，鱼类逃逸。水电控制可以设置在山体下的房屋结构之中，便于防雨防潮和安全管理，电路开关要安全接地，并设置漏电保护装置。

水池修好之后，经过一定时间的浸泡除碱，等池壁产生青苔，说明水质酸碱度趋于稳定。然后，引入当地野生鲤鱼、鲫鱼、翘嘴等乡土鱼种，并放置木船配景，营造诗意和谐的山水空间。师生课余时间可以随时欣赏，获取乡野之趣，为学校生活增添了众多回忆。

七、道路护栏

山体的周边以及登山道路，既要做到曲径通幽，又要考虑师生上下方便。台阶地面与侧面可以用堆山石材的自然碎片，用水泥打底镶贴出石板台阶路，弯弯绕绕地通往亭子，既与山体浑然一体，又防滑安全，在道路中间可以修一个平台作为缓冲。山路台阶的边缘一定要做好防护，可以用剩余的石头竖立起来，堆砌成自然形状的石头矮墙作为护栏，种植迎春柳或丛生竹，形成难以穿越的绿篱，避免顽皮学生攀爬发生意外。在堆砌原石中，有一块完整天然的青石板，用作底盘觉得可惜，就竖立在台阶最下端，凿刻了"百年树人"四字，纪念肥城市老城街道初级中学自清代肥城官办鸾翔书院至今近二百年的办学历史。

八、绿化搭配

山体的绿化，以本地特有乡土植物为主，树木的种植排列按照自然规律，做到三五成群、互为顾盼。不同树木、灌木、草本植物实现高矮搭配，层次分明，配以介绍说明，作为乡土植物教育园地。如果山体后侧有足够的延伸空间，可以仿照地域山林环境，人为制造高低落差，密植搭配乡土树木，仅需十几米的高矮延伸空间，就可以遮挡背景中琐碎杂景及建筑围墙，有效增加景观的纵深，实现小空间的大意境。

肥城市老城街道初级中学鸢台景观的主体竣工之后，等待山石填土稳定后，在山石缝隙处种植"四君子"——梅兰竹菊、"岁寒三友"——松竹梅等文人笔下常见植物。另外，栽植青檀、柘树、朴树、榉树等乡土树种，并在四周边缘种植迎春柳，一两年后就形成瀑布下垂状，能够有效遮掩山石瑕疵。

作为山体底部的框架结构建筑，由于容易受潮，无法进行正常粉刷，只能裸露水泥墙体。不同山石的堆砌连接处，也能看到水泥加固的痕迹。为体现自然效果，可以用三叶爬山虎和五叶爬山虎进行混植遮掩，五叶爬山虎的抓墙吸附能力强，三叶爬山虎的叶幅宽大覆盖性好，两者混合种植能取长补短，快速成景，有效遮避底层建筑的水泥外墙、山体石头之间黏合的水泥痕迹。经过两三年自然生长，配以矮生竹和灌木，即可达到满意的绿化攀附和遮盖效果。

九、碑文诗记

道路两侧和亭台四周，可以悬挂本地乡贤名士在地方山水、书院、文庙等教育场所的诗作、文章、碑记、故事，包括相关匾额、摩崖、题字等，这些可以在当地相关志书、记载中找到内容。

鸢台山体台阶的最下端向南有个延伸，将偶然挑选出的飞鸟形象的石头放置于此，取名为"鸢鸟石"，与鸢台寓意相呼应。其南侧放置椭圆花岗石，做到一石两用，与鸢鸟石同向的一面刻制"鸢"字，其另一面刻制泰山著名摩崖石刻"虫二",寓意此处风光无限、风景独好。

在中小学校的校园里,能有一座当地的小山,拥有浅浅的一潭清澈的池水,停着一条小小的木船,可以满足青少年对自然山水的内心向往。在当代钢筋水泥建筑群里,孩子们失去了很多与乡土自然接触的快乐,需要在校园中弥补童年生活的缺憾。肥城市老城街道初级中学将狭小空间立体运用,将消防水池、储物室与肥城老县城教育文化古迹有机结合在一起,营造出优美的校园山水书院意境。

地域山水小品重现于校园之中,等两三年之后,待种植的草木茂盛,便可实现宛若天然的效果,成为学生亲近地域山水的便捷渠道。师生可以通过亲眼所见、亲身体验,潜移默化地实现对地域文化的全面认知,做到对地域精神的自觉传承。基层教育工作者和学生终日徜徉于乡土山水人文古迹之中,能够以古今对话的视角,追寻逝去的乡土文化记忆,重温传统文化的地域性、独特性、文学性和艺术性。

新乡土学校的楼名路名

在中华民族不断交融和发展的历史进程中，根据当时社会经济和文化的发展需要，各地陆续修建了不同风格样式、寓意用途的亭台楼阁。地方名胜古迹，不仅是乡土文化的地域精神象征，而且承载着设计、建造、使用者的良苦用心，更寄托着乡贤名士、官员百姓的美好期望。

地方知名建筑的名称与匾额，集当地历史文化、人文特色于一身，是乡土文化的精髓所在，既体现出华夏大地多元文化的地域融合，也体现出乡贤名士的文学造诣和价值取向，如黄鹤楼、寒山寺等，成为流传至今的地标文化景观。历代乡土知名建筑的名称及渊源，给当代地方中小学校的楼名和路名文化提供了很好的借鉴和启示。

一、学校楼名路名的意义内涵

学校的建筑和道路，需要及时命名，并设立明显标识，以便内部师生和外来人员辨识区分。在没有路名楼名指示的情况下，进入一个陌生的学校容易迷路，也不便于快速识别。各种教育教学活动，特别是安全紧急疏散，需要楼名和路名指示地点与方位，以便及时到达相关楼层和场所。由学生负责日常公共区域保洁的学校，如果缺乏路名楼名指示，也不便于各班级卫生值日范围的划分和界定。

学校的楼名和路名，是一所学校的骨架和布局，不仅具有建筑、处所、道路等区域的定位指示等实用功能，还融合着教育和引领意义，彰显一所学校的办学特色、地域精神，记录着学校的历史，展现着地域的审美，培养着师生的气质，成为地方中小学校校园文化的重要标识，也成为师生的珍贵回忆。

二、当代学校常见的楼名路名

（一）采用学校办学特色进行引申

常用一个字的各种组词或者同义词。如"美……楼""美……路"……不足之处是词汇范围受限，如果学校建筑物众多或者道路纵横，就不免穷尽其词，难以延伸和达意。

（二）采用名牌学府的名字命名

如清华楼（路）、北大楼（路）、复旦楼（路）等，激励学生升入顶尖学府，不足之处是没有体现学校自身办学特色和地域特征。

（三）采用四书五经相关语句

这是最常见的取名方式，如路名里的明德路、至善路、慎思路、明辨路、博学路、笃行路……；楼名里的明理楼、弘毅楼、行知楼、笃志楼、博约楼、致远楼、厚德楼、思齐楼、凌云楼、德馨楼、明德楼……，体现学校育人向学的培养目标。不足之处是此类名称雷同较多，比比皆是。

（四）采用经典诗文名词名言

汉代《乐府》中有"西北有名楼，上与浮云齐"，齐云楼的名称来源于此。

（五）采用捐赠单位或者个人的名字

用捐助学校建设的厂矿企业、捐赠人的名字作为楼名来源，如遍布全国的逸夫楼，就是为了纪念捐献者邵逸夫先生。

（六）采用名山大川或者乡土植物名称

如楼名里的昆仑堂、天山堂、阅江楼，如路名里的海棠路、法桐大道等。

（七）采用人名、地名进行楼名和路名命名

如中山路、北京路等。

三、乡土学校的楼名路名

乡土中小学校的楼名路名是乡土文化教育的重要组成部分，为避免与其他学校楼名路名重合，要体现地域特征和乡土寓意，注重传承性、学段性和教育性，以追寻乡土教育记忆，展示学校办学特色。

（一）彰显办学思想

校园建筑和道路的命名，应将本校的"三风一训"、办学思想和精神追求体现出来，特别是具有典型特征的校风校训、办学目标、美好愿望，根据其激励目的不同，用于不同建筑和道路。

（二）展现办学历史

很多中小学校的前身，是当地私塾、书院和学堂，也是本校办学的起源脉络。其历史旧称或者是创办者的名字或者字号，可以作为楼名路名，以示办学历史悠久。

本校前身所培养出的乡贤名士，特别是历代书院、学堂、学校的创办者，现代和当代做出卓越贡献的校长教师、知名校友，也可以用其名号作为楼名路名，进行颂扬褒奖，作为师生榜样。

（三）传承地域文化

本地文庙建筑、各类书院等教育古迹中的亭台楼阁名称、本地地名传说、名胜古迹、名川大山、人文故事都可以作为楼名路名的资源。与地域教育文化相关的诗词歌赋、碑记匾额，也可以作为楼名路名的重要来源。

（四）注重学段区别

楼名和路名要注意学段区分。幼儿园和小学要直观童趣，初高中则侧重文化内涵，要避免过于绕口和怪僻高深，朗朗上口才能便于记忆、印象深刻。

（五）体现功能用途

古代地方文庙建筑的名称如棂星门、大成殿、魁星楼，无不与科举考试各阶段寓意紧密相连。学校的综合办公楼、实验楼、艺体楼、教学楼、餐厅、宿舍、图书馆、礼堂等相关建筑，其楼名和周边路名尽量与其用途有关联，能从名称上联想和感知其功能用途，便于师生和外来人员直观认知。规模较大的学校，可以根据建筑和道路位置，在名称中冠以经纬、南北东西或者前后左右来进行地理定位。如经一纬二路、府前路、堂北路。

四、颜色材质的不同选择

路牌的颜色以蓝底白字或者青底白字最为普遍，外框和主体材质可以采用金属和防腐木制作。楼名的材质以金属喷漆的铁皮字和钛金字为多，有条件的可以使用鎏金字。楼名和路名需要进行名称的释义说明，介绍楼名和路名的由来和故事，并与当代师生发展需求相联系，便于了解记忆和教育传播。

五、楼名路名的学校示例

书院是中国古代社会的一种独特的教育组织形式和学术研究机构。经过千余年的传承与创新，地方书院孕育了深厚广博的乡土文化精神。下面以肥城市老城街道初级中学为例进行说明：

老城中学以肥城老县城明清两代的鸢翔、金峰、同川三所书院名命名学校三栋教学楼，向校园建筑注入书院文化元素，其他功能楼以具体功用命名。校园道路均以肥城老县城文化名人命名，处处彰显传统文化教育的熏陶，意在激励当代师生追寻乡土教育记忆，走近地方先贤名人，实现"学思并进，行智合一"的目标，成为传承优秀乡土文化的重要途径。

（一）楼名

1. 鸢翔楼（主教学楼）

鸢翔楼，名取于清代肥城老县城最著名的官立鸢翔书院和鸢翔考院。鸢翔书院由知县刘宇昌于清道光二年（1822年）创建，书院匾额为"擢秀储材"。"擢秀"意为生长茂盛的植物，比喻人才秀出，"储材"意为积聚人才。鸢翔书院遵循"格物、致知、诚意、正心、修身、齐家、治国、平天下"宗旨，是以考课为中心的科举预备学校。鸢翔书院的科考功能，使其成为当时肥城的最高学府，历任知县多亲躬书院，悉正教习，培养了众多学子，使其荣登士榜。

以鸢翔楼命名主教学楼，是希望老城中学学子秉承肥子故邑学风，传承弘扬肥城老县城悠久的历史文化。

2. 同川楼（西教学楼）

同川楼，名取于同川书院。同川书院是明代与戚继光共同抗倭的御史李邦珍读书、授业、讲学之处。

"同川书院"位于牛山寺西侧，为明朝都察院右副都御史李邦珍致仕归故里后所建。原为其少时读书之处，后扩修为书院，其授业讲学于亲友子弟，书院中曾有两人金榜题名。书院还建有聚乐堂、悠然台、环翠亭、甘霖池等景观，藤萝攀援，古柏苍苍，泉水潺潺，乃读书佳处。

3. 金峰楼（东教学楼、行政办公楼）

金峰楼，源于明代曾经七次弹劾严嵩的御史尹庭创办的金峰书屋。尹庭倡导乡学，教育乡梓，后代人才辈出，尹氏清代"一门二进士"为历史佳话。

"金峰书屋"坐落在肥城老县城西侧牛山脚下，位于同川书院东侧。清光绪三十四年（1908年）《肥城乡土志》记载："在同川书院东。明御史尹庭建。至国朝其后裔贡生尹勋重建。教二子文麒、文泽读书其中，相继登第。有金峰书屋记，名人题咏载邑乘。"

4. 行智楼（功能楼）

行智楼，"行智"二字来源于明朝王阳明所倡导的"知行合一"理念。"行"，主要指实际行动。"智"，是知的后起字，主要指人的思想意念或者科学文化知识。行智关系，是指人的道德意识、思想意念、科学素养、动手能力的关系，也就是学与思、想和做的关系。教育学家杜威、蔡元培、陶行知积极主张知行合一的教育理念。老城中学"行智教育"的目标是以行启智，以智导行，让学生在学习中反思，在反思中提升，实现学思并进、行智合一，成为知礼谦和、坚毅认真、乐学智学、拓展创新的全面人才。

5. 知味楼（餐厅）

知味楼，作为餐厅名称，寓意人生如用餐，酸甜苦辣咸诸味杂陈，使学生明白既要学习理论知识，也要自己亲身实践，这样才能获取真实感受。

6. 雁栖楼（宿舍）

雁栖楼，作为宿舍名称，雁群作为积极向上的团队象征，它们清晨外出觅食，夜晚归巢休息，群起群落，寓意学生要树立集体主义精神，实现班级共同进步。

（二）路名

路牌是校园道路的指示标志，单独指示路名略显单薄，师生也许无法理解字面意思。可以制作一体式落地路牌，在起到道路指示功能之外，将路名含义及相关故事哲理放置其中，以充分利用空间，实现教育效果最优化。

1. 有若路

有子（公元前518年—?），名有若，春秋时期鲁国肥城县城人，是孔门弟子中为数不多被尊称为"子"的人，被后世尊为"四贤十二哲"之一。其学说主要有："和为贵""藏富于民""推崇礼义，持守中道"等。

2. 邦珍路

李邦珍（1515—1594），号同川，肥城人，明嘉靖二十九年（1550年）进士，为人正直，从政清廉。嘉靖后期，先后任浙江、福建道监察御史，嘉靖四十二年（1563年）冬，担任防守台（州）、温（州）、福（州）、兴（化）和福宁中路等处的总兵，又上疏朝廷，请任戚继光为副总兵，合力重创倭寇。其善写大字，泰山经石峪的知名刻石"经正"、肥城文庙"魁"字石刻、牛山"圭山"石刻等大字书法均为李邦珍所题。

3. 尹庭路

尹庭（1513—?），字子绍，号金峰，明代肥城县（今老城尹庄）人，著名诤臣。嘉靖二十九年（1550年），尹庭中进士，初任河南省郏县知县。任职期间，体恤民情，廉洁奉公，政绩卓著，后升任湖广道监察御史。曾连续七次上疏朝廷，弹劾严嵩，声震朝野。尹庭生前与李邦珍共同捐资修建了肥城县城十字路口"四牌楼"等公用建筑，并撰写《重修肥城县城隍庙记》等地方碑记。

4. 曼硕路

王曼硕（1905—1985），原名王文溥，字万石，县城城里人（老城城里）。早年留学日本东京美术学校，后赴延安鲁迅美术学院任教，建国后曾任中央美术学院党委书记，是国内知名的人民艺术家、教育家、美术家、金石书法家。

新乡土学校的画像雕塑

地方乡贤名人，是指由本地培养成材，其品德、才学、成就为乡人推崇、传颂的贤者名士，他们既是乡土系列文化的引领者，也是地域重大事件的主要发动者和参与者。

地方乡贤名人生于斯，长于斯，得益于乡土培养，并通过自身努力，或博取功名，文韬武略，名垂青史；或聚徒讲学，著书立说，成就学术；或年少好学上进，晚年告老还乡，服务桑梓百姓；或修订编纂地方志书，热心家乡公益事业；或保家护乡卫国，修路兴学扶困，做出重要贡献。无论古代、近代，还是现代，乡贤人物在当地经济文化发展进程中留下很多感人事迹，并传颂乡里，令父老乡亲引以为傲，成为后人教育子女、竞相学习的榜样。

一、乡贤名人雕塑的意义价值

雕塑，是指为了美化环境或用于纪念意义，专门设计、雕刻、塑造的具有特定形态、寓意象征的纪念物。中小学校在校园适当位置摆放雕塑小品，能有效提升校园文化的层次内涵，倡导师生树立正确的人生观、价值观和世界观。

地方中小学校在策划设置校园雕塑的时候，要思考树立这座雕塑是为了纪念什么，表达什么，引领什么，教育什么。很多学校喜欢在校园中摆放中外名人的半身雕像，但其对本地师生的触动和影响的程度，远远不如地域乡贤名人。因为成长于共同乡土的身边榜样，具有亲和力和真实性，更易于被师生接受和效仿。

二、乡贤名人雕塑的资料搜集

通过搜寻各种地方志书，特别是乡土人物系列书籍，进而广泛征集研究资料，确定本地各时期的乡贤名录。乡土中小学校可以制作地域名人墙，介绍不同时期的乡贤生平、所做贡献，便于师生了解学习。根据学段差异和师生需求，从中挑选在某一方面表现突出的乡贤人物，搜集其勤奋读书、为国为民、回报乡梓的生平事迹，绘制画像或者制作雕塑，作为激励师生进步的榜样。

三、地域乡贤名人的画像绘制

唐代诗人李白在《司马将军歌》中写道："功成献凯见明主，丹青画像麒麟台。"绘制画像是古代直观记录人物形象的重要方式，也是了解古人相貌的主要渠道。对于没有照片可供借鉴的古代乡贤名人，可以搜寻各时代志书、家谱流传下来的画像，或者寻找同时代家族成员的线描画像或相貌描述，进行借鉴、参考和创作。没有历史画像可供借鉴的，可以寻找其当前直系后代的照片进行特征分析和面容参考，要注意网络上的名人画像多有谬误或张冠李戴。

中国幅员辽阔，地域风俗不同，风土气候各异，要注意人物画像的场景陈设和服装描绘等细节差异。千百年来的内外战争和民族交融，致使不同朝代官员和百姓的发型、服饰、鞋帽均有不同，一定要避免混淆时代、张冠李戴，导致贻笑大方。在绘制乡贤名人的画像时，要注意其发型、服饰、鞋帽一定要符合当时朝代的形制。特别是有官职的古代乡贤名人，一定要注意官服的形制与颜色，其补子图案、配饰礼器及称号名讳均有严格规定和等级区分。

四、地域乡贤名人的雕塑制作

（一）寻找典型特征

有子是孔子的学生，比孔子小四十岁。《史记》载："孔子即殁，弟子思慕。有若状如孔子，弟子相与并立为师，师之如夫子时也。"两人最大区别在于孔子有外骈齿，而有子没有。老城中学的有子雕像就是依据古代绘制的平阴侯"有子"画像制作而成。

地方人物雕塑要做到栩栩如生、生动自然。在设计和制作过程中，要广泛搜集地方志书、人物传记等相关资料，研究其形象神态、故事背景，将人物典型特征和标志动作表现出来。要注意不同地域人物的形体和面部区别，特别是南方人和北方人在面部的颧骨、眼型和下颌等部位区别较大。乡贤名人雕塑神态要端庄大气，形体服装比例要恰当，集中体现地域特征，避免采用比较夸张或者抽象的造型。要参考当地的审美风格和大众认知，不宜与本土风俗习惯相违和，以表示对先贤的尊重和敬仰。同时期的人物，可以做成群雕，呈围聚状；不同时期的人物雕像，可以按年代顺序分布在不同区域。

（二）注意材质造型

"身土不二"。雕塑的材质尽量采用本地天然石材，寓意乡贤名人的发展离不开故土的培养，彰显一方水土养一方人之意。天然石材以本地花岗岩或锻铜雕塑为最好，可以耐受风雨暴晒，适合长久摆放。如果资金紧张，可以定做玻璃钢仿铜雕塑。玻璃钢雕塑要减少烈日暴晒，每年用清漆喷涂一至两次加以保护，一般七八年就需更换。

现代交通物流比较发达，可以去河北曲阳、山东嘉祥等雕塑之乡，进行实地考察、定制雕塑。要注意不同雕塑厂家在艺术风格、细节把控上存在较大区别，所以要进行对比选择。根据乡贤名人的资料和画像，挑选成品或者设计定做比较稳妥。在乡贤名人雕塑的设计制作过程中，一定要注意随时沟通，跟进形象设计，研究质地颜色，把控形体比例，以免背离设计初衷，导致成品与预期差距太大。特别要注意人物的面部特征和身形比例，做到自然大方，接近历史对人物的描述。

（三）选配合适基座

根据场地的面积和周边的延伸，确定校园雕塑的大小，人物雕塑尽量与真人相似或大于真人尺寸。如摆放在广场上，底座高度一般与雕塑高度一致，比例以1∶1较为合适，底座过于矮小，无法凸显其高大形象。底座一般采取大于雕塑底部的正方体或者长方体原石基座，雕塑底座前部刻写乡贤名人的名字和生卒年份，后面刻制其生平称号、事迹学说、塑像建造经过以及捐赠意义等。

在草地等绿化区域树立雕塑，可以使用天然巨石作为底座。在正面刻制人名、生卒年月，在背面打磨平面，刻制生平事迹铭文。铭文的字体一般以正楷、隶书为主，不宜采用行草、篆书等常人难以识别的字体。要处理好雕塑和底座的连接之处，确保抵抗强风骤雨，做到安全牢固。要设置相关提示，防止学生随意攀爬，以免导致意外发生。如果在草坪、花园中摆放，周围可用绿篱灌木环绕，进行有效隔离。

（四）多方获取支持

石质和金属雕塑一般制作成本较高，地方中小学校如果缺乏相关经费支持，可以通过校友捐赠、企业赞助等方式进行资金筹措；或者寻找乡贤名人的后裔，依靠其家族力量争取资金支持，增强乡贤名人的可信度和延续性。

肥城市老城街道初级中学的有子雕像，即是学校联系有子后裔，由当地有氏家族合族捐赠而来，既满足了学校树立本地乡贤榜样的需要，也实现了其家族纪念先祖有子的愿望。

当代地方中小学校围绕立德树人的根本任务，在校园中树立本地乡贤名士雕塑，传颂本地乡贤传说故事，传承先贤治学处事精神，以乡贤名士的人文故事来影响、激励师生努力学习文化知识，反哺乡土、造福乡梓，使他们成为新时代乡土文化的继承者和传播者。

新乡土学校的颂扬牌坊

牌坊，俗称牌楼，是中国古代社会为宣扬礼教、表彰功勋、科第、德政、忠孝、节义等所立的独立门洞式纪念建筑。"衡门"是牌坊的原始雏形，《诗经·陈风·衡门》曰："衡门之下，可以栖迟。""衡门"是一种由两根柱子、一根横梁构成的最简单最原始的门，在周朝的时候就已经存在了。千百年来，牌坊作为中华民族特有的建筑形式，其历史源远流长。牌坊曾经不仅遍及华夏城乡，而且还跟随华人脚步，屹立于异国他乡，如唐人街的入口处，成为中华文化的典型标识和重要象征。

牌坊提升于汉代，成熟于唐宋，至明清全国盛行，并从实用功用衍化为纪念碑式的建筑。不仅置于郊坛、孔庙，也用于宫殿、庙宇、陵墓、祠堂、衙署、路口、桥梁等处，起到壮观、点题、框景等效果。

由于建筑废圮、天灾战乱、人为破坏、道路拓展等，牌坊这一历史悠久并曾广泛分布的建筑形式，各地已保存不多，只有少数作为各类景区的附属建筑得到保留，如各地文庙棂星门、山门等。

牌坊就其建造意图来说，可分为四类：一是功德牌坊，为某人记功记德，以光宗耀祖；二是道德牌坊，多表彰孝子烈女；三是科举牌坊，为科举进阶、尊师重教之用，如状元坊；四是标志牌坊，多立于街区、景区入口及主街，作为空间分隔之用，如泰山的岱宗坊、南天门等。牌坊作为广场和街道的显著标志，给人壮观巍峨的感觉，也符合长期耸立保存的纪念功用。当代中小学校采用本土建筑材料和传统制作工艺，在校园合适位置复原或者新建乡土知名牌坊，具有以下意义和价值：

一、弘扬乡贤精神，引领师生成长

根据地方志书描绘，寻找本地曾经存在，现已泯灭在历史变迁中的知名牌坊进行复制，弘扬褒奖乡贤名人事迹，彰显地域价值取向。可以根据当前教育需求，新建命名相关牌坊，撰写牌头楹联，引领师生汲取地域精神，潜心治学向学。

二、重现乡土胜景，成为校园点缀

牌楼一般是单体建筑，但往往能起到画龙点睛的作用。地方中小学校根据教育主题和师生需求，选在合适的道路入口或者中间建立相关牌坊，卓然矗立于校园之中，会使人文历史的厚重内涵倍增。

三、弘扬乡土人文，作为生动教材

牌坊不仅建筑结构自成一格，别具风采，而且集木石雕刻、楹联书法等多种艺术于一身，融合历代乡土社会的审美取向、文化精神于一体。

四、展示乡土工艺，进行审美教育

牌坊因为形制较大，多就地取材，并采用本土工艺制作。由于各地的原料、审美、民俗各不相同，造就了牌坊建筑的材质、图案和风格造型各异。

常见的牌坊有石牌坊、木牌坊、琉璃牌坊等，一般样式是"三间四柱三楼"，通过四根立柱将横面分隔成三间，三楼即三个采用中式建筑传统的飞檐屋顶。不同地方的牌坊，其材质选择、颜色搭配、图案特征不同，成为乡土建筑文化和地域审美的立体彰显。

著名建筑学家梁思成先生认为，城门和牌楼、牌坊构成了北京城古老的街道的独特景观，这类似于西方都市街道中雕塑、凯旋门和方尖碑等。牌坊作为中国独有的建筑形式，具有醒目而庄重的标识作用。目前，很多古村落、古镇、古迹依照古代形制，重建或新建本地知名牌坊，以显示地域历史悠久、人文厚重。

肥城老县城旧时牌坊，以明代乡贤李邦珍与尹庭共建的"四牌楼"最有名气。2016年，肥城市老城街道初级中学建立了肥城老县城教育文化史"六牌楼"，用防腐木仿照古代牌坊样式制作。"六牌楼"以年代时间顺序为主轴，目的是追寻肥城老县城从古到今的千年教育文化记忆，意在激励老城中学的师生秉承肥城故邑学风，培植乡土家国情怀。

新乡土学校的文人树园

汉代傅毅《舞赋》曰:"文人不能怀其藻兮,武毅不能隐其刚。"这句话是指才华和刚毅不能藏于自己的内心,要将其展示出来。文人一般是指有独立思想和人格精神,在学术、诗文、书画等领域有一定影响的学者、官员、乡贤等。

古代文人所作的诗文、书画,是其情趣修养、学术思想的自由发挥和真实流露。在不同地方的私塾、书院、学堂、学校等学习环境,以及庭院处所、私人园林等居住之处,都能找到传统文人以树拟人、抒发情怀的表达方式。历代文人以树木整体形态、枝叶细节、花果寓意、季节变化来吟诗赋文、挥毫泼墨、抒发胸怀,实现物我对话、以树达意的效果,并让观者获得共鸣。

一、合理选择,科学分区

地方中小学校要从实际位置、具体功能和安全方面考虑,选择不同的乔木灌木进行栽植。教学楼前后,不宜种植过于高大和枝叶密集的树木,以免影响采光和视野;道路两侧,既要考虑遮荫的行道树,还要防止柳树、杨树和法桐等花絮球果的致敏性;垂柳等小叶树种的叶量大、易掉落,不适合种在硬化的地面旁，否则会有叶子随扫随落的麻烦；乔木尽可能提高分枝点，灌木应该尽量控制高度，在高矮树木之中留出足够空间，防止出现视野盲区，便于处理突发事故。

另外，要根据树木观花、观叶、观果、观枝的不同特点，以及遮阴、点缀、衬托、寓意等不同功用进行合理分区。同一树种的不同品种也要注意树形和寓意的区别，以竹为例，不同品种的竹子颜色、粗细、长度、材质、形态差异很大，粗壮的毛竹适合在围墙处作隔断，低矮的丛生竹，则适合作亭子、山石等小品的配景。

二、彰显地域，尊重民俗

可以研究当地乡土植物志，选择本地独有树种或者代表树种。如胡杨之于新疆，松树之于黄山，梭梭之于沙漠，都是代表当地乡土精神的独特树种。在校园中设置乡土植物专区，结合当地的水土气候，配以说明牌，介绍其适合在当地生长的原因和用途，特别是地域民俗寓意，更具有教育价值。北方常见的乡土寓意树种有柿子（事事如意）、玉兰、海棠、迎春、牡丹、桂花（玉堂春富贵）、石榴（多子多福）、椿树（健康长寿）、榆树（富贵有余）、槐树（三槐九棘之三公九卿）等。

同样的树种在不同的地域，其寓意不尽相同，种植的位置也有区别，体现出明显的地方民俗差异，种植时要注意尊重地方禁忌、体现地域差别。譬如松柏，在北京是一种常见的绿化植物，庭院和路边随处可见；而在山东，松柏则多见于庙堂、陵园、公园、政府，其他地方种植不多。

"前不栽桑，后不栽柳，院中不栽鬼拍手"等民间风俗，并不都是纯粹迷信的说法。"鬼拍手"所指的杨树，深夜风吹叶片哗哗作响，容易给人带来不同程度的心理恐惧。"前榉后朴"是指古代部分地方的前后院分别种植榉树和朴树，代表应试中举，家族兴旺，寄托地方乡民的美好期望。

乡土树种与地域人群同时或者更早扎根于脚下的土地，是地域精神的象征和乡土气质的代表，具有顽强的生命力和坚韧性，是乡土文化因素的重要组成部分。乡土树木既有生产生活功用，也有与之相关的寓意传说故事，成为校本教材的丰富资源。比如从明代大移民开始，山西洪洞大槐树就是家族根脉扩散的象征，也是寻根问祖的代表树种。中小学校的校园绿化，要尽量把当地的乡土树种搜集齐全，要注意把当地同一个树种的变种搜集到位，设置介绍牌进行树形、花果等图文比较，以展示乡土生物多样性、进化性，体现"存在即合理"的作用和价值。

三、层次分布，师法自然

（一）聚群性

不同树木通过人为随意混植在一起，缺乏识别性。且"独木难成林"，大自然中不会出现孤零零的一棵树，附近肯定要有同种群落存在，才能实现异株授粉，实现持续繁育。陶渊明在《桃花源记》中写道，"缘溪行，忘路之远近。忽逢桃花林，夹岸数百步，中无杂树"，就体现了同种树木聚群成林的美感。

（二）自然性

有些游乐园的园林绿化原则，就是不栽植经过人工修剪定型的树种，所有乔木灌木必须保持树木的自然树冠，这样才符合童话人物生活的自然森林场景。校园树木不能像人工苗圃般种植得整整齐齐，要体现三五成群的天然形态，形成自然森林景观。

（三）层次性

乔木、灌木、花草的种植要注意远近结合、高低顾盼，才能展现真实生动的乡土自然。通过树木花草的参差错落和自然搭配，能够实现狭小空间的纵深错觉。

四、按季移植，注意养护

"秋冬移树梦一场，春季移树病一场"。树木的移植要根据当地气候特点，符合自然规律，才能保证成活率，降低养护成本。冬季移植树木成活率高，是因为这一时期气温低，蒸发量小，土壤墒情好，苗木移栽的过程中不易失水。冬季移植苗木，苗木与新植土壤适应期较长，受伤根系可得到愈合，并避开苗木病虫害高发季节，比清明节前后移植树木成活率高很多。冬季移植不足之处在于大多数树种处于落叶期，无法通过苗木的完整形态进行观察挑选。

进行苗木的移植，要注意保持树干原始朝向，在移植前要做好南北方向标识，保证移植后与原来种植朝向一致，能有效提高成活率。苗木移植后的科学养护也很重要，可以组织学生分班承包，定期进行浇水和管理。树木在保持自然风貌的同时，要根据所处位置合理修剪，特别是乔木的过低下垂枝，灌木的过度外延枝，容易碰戳师生头面和身体，要及时修剪处理，避免造成意外伤害。

五、突出教化，彰显文气

"梅花傲雪三分白，兰香满室为君开。竹竿挺拔冲天志，菊开金秋待君来。"从古至今，"岁寒三友"——松竹梅、"四君子"——梅兰竹菊成为中国文人乃至大众百姓非常喜欢的植物，并通过诗文书画描绘于茶具、文房四宝等日常生活用具之中。

乡土文人笔下的拟人化树种，要按照当地成语、谚语的方位进行搭配。结合校园建筑功能，将同一成语或同一组团的树种植在一起，组成植物文化群落，供师生鉴赏认知。如将杏树围成一圈，中间环以空地或高台，体现孔子杏坛讲学的"有教无类";因子贡在孔子墓前手植楷,楷树成为自古以来尊师重教的象征,校园种植楷树寓意教师是人之楷模;《韩诗外传》卷七:"夫春树桃李,夏得阴其下,秋得食其实。"后以"桃李"比喻栽培的后辈和所教的门生,将桃树李树搭配种植,寓意学生遍布天下。

《诗经·大雅·卷阿》曰:"凤凰鸣矣,于彼高岗。梧桐生矣,于彼朝阳。"诗人在这里用"凤凰和鸣,歌声飘飞山岗;梧桐疯长,身披灿烂朝阳",来象征品格的高洁美好。要注意这里的梧桐应指青桐,部分地区将泡桐当作梧桐,两者虽然科属相同,但具体形态和寓意仍有区别。

松柏常常象征着坚强不屈,松树则象征傲骨峥嵘,亦有迎客寓意。如《论语·子罕》中说:"岁寒,然后知松柏之后凋也。"青檀是宣纸的主要原料,宣纸是中国文人书画寄情的重要载体,丁香、紫藤、紫薇等也是历代文人笔下的常见植物。

中国地域辽阔,风俗各异,各地乡土文人树种各不相同,要因地制宜进行选择种植。一些地方中小学校的校园绿化,经常出现种植随意、树种杂乱的状况,整体绿化效果差强人意。通过合理规划、精心种植乡土文人树,既能绿化校园环境,提升学校绿化档次,又能弘扬乡土治学风气,营造传统读书环境,提升校园的人文内涵和育人功用。

第六章

新乡土学校的文化彰显

新乡土学校的校园文化

校园文化，是一个含义较为宽广的词汇。校园文化不是学校内外各种标语、口号、展板的狭义堆砌，而是一所学校建筑特征、校园景观、精神文化、管理举措、办学成果的有机融合。

校园文化是不断传承、持续发展的教育文化体系，是学校与师生在各级教育部门引领下，根据本地本校实际，逐渐形成的自我认同、全员参与、分层构建、提升凝练的学校文化综合体。地方中小学校的校园文化，只有立足乡土实际，将地域特色融入学校建设、校园规划、教育活动之中，才能获得和谐实用的教育成效。

一、校园文化的设计把控

当前，学校一般不参与新建校园的前期设计，造成了新建学校规划设计与入驻师生需求之间的偏差。例如有些新建学校还没进驻，有关部门就全面代劳，将校园文化设置到位。有些中小学校的"三风一训"等办学理念和教育特色，也交由相关校园文化机构进行打造设计。不可否认，专业文化公司的设计思维要优于中小学教育工作者。但"隔行如隔山"，如果相关公司对学校具体的师生现状、教育需求缺乏深入了解，往往会导致校园文化设计出现千校一面的情况。

鉴别一所学校的校园文化设计方案有无特色，可以将设计方案中的校名隐藏，然后通读该方案，看是否符合本校师生的个性发展需求，是否体现本校的地名校名因素，是否展现本地的教育人文故事，是否彰显本地的先贤名人精神，是否符合本校的学段特性，是否体现本校的"三风一训"，是否起到激励师生目的，是否能够舒缓师生身心等。如果该方案里没有彰显地域特色和乡土特征，看不出是哪里的学校，什么学段的学校，体现不出本校的办学特色和治校理念，无法让本校师生发自内心地认可与接受，就不能说是一份优秀的校园文化设计方案。

二、校园文化的数量把控

"少即是多"。校园文化设计和构建，要遵循"大道至简，适当留白"的原则，避免品种、样式、数量太多。在什么位置、配置什么内容的图文，一定要反复思考，精心设计，做到少而精。同时，要做到雅俗共赏，比如校园卫生间标识，只有男女剪影是不够的，要添加标准汉字及拼音，以提高标识的辨别快捷度。

"多不如无"。前些年，苏霍姆林斯基的"让每一面墙壁都开口说话"的观点，被一些教育部门和学校奉为"环境育人"的经典名言，在校园文化设计中风靡一时。各类规章制度、名人名言、标语口号，以不同材质、颜色、各式造型组合出现在学校建筑园林、走廊楼道、教室和功能室内外，让人目不暇接，眼花缭乱。

苏霍姆林斯基所处的苏联时期，尚处于二十世纪中叶的图文教育时代，多媒体教育手段和电子产品还未运用在教育教学活动中。当前，处于知识爆炸、网络普及的时代，依靠各种多媒体设备，随时都能搜索知识，接受教育。如果还是采取以往那种到处悬挂标语口号、镶嵌图文展板的教育方式，容易造成师生视觉疲劳，甚至在图文混杂的环境中感到心气浮躁，不能发挥校园文化应有的激励向上作用。

三、校园文化的要素把控

（一）建筑设计

当前，校园建筑最常见的问题是样式繁多、配色无序、主题杂乱，没有体现学校应有的教育功用、师生需求、乡土特征。很多新建学校由政府部门或开发商主持建设，盲目引进异地风格，却受限于材料、工艺与资金，最终建成的效果，与原型风格差距较大。而且，同一学校不同历史时期的建筑物之间缺乏过渡与统一，整体氛围杂乱无序。

地方学校的建筑外观设计，要借鉴学校所处地域的传统建筑风格，做到既体现乡土特征，又融入教育功用。同一学校不同时期建设的功能用房，要逐渐在样式和配色上协调一致，实现和谐统一的效果。

（二）校园规划

除学校建筑、运动场、停车场等功能分区之外，也要规划校园的硬化、亮化、绿化及与其相关联的地下强弱电、供排水、消防管道的分布铺设，同时还包括地面上的进出道路、照明监控等要素的合理设置。所以，在每一个显性校园文化因素的背后，都包含很多的隐性思考和综合设置。

中小学校要根据所处环境和位置，考虑采光、安全等因素，进行乔木、灌木、花草的聚类分区，实现三五成群、高低错落的自然效果。各种道路根据师生出行方便、距离远近等要素进行合理设计，结合车辆承载、防滑防水、消防通道等要求，选择沥青、水泥、石板、地砖等不同材料铺装。

"咫尺山林，多方胜景"是中国传统园林的最高境界，也适用于校园山水小品营造，要把地方山水小品的经典细微之处体现出来。建设材料取自当地，施工模仿天然，避免"假山、假水"等人造景观的过度出现。

（三）核心展示

一所学校的办学思想，要体现在"三风一训"上，并将其分解在各种教育教学活动之中。"三风一训"要展示在校园内外的最醒目处，便于师生和外来人员认知熟悉。使用校园文化手册、毕业纪念册、学校档案、师生用品、奖品奖章等不同载体，进行校训、校风、教风、学风、校徽的不同展示。

有些学校把理念口号安装在楼顶或者楼体侧面，在楼顶安装大型金属字，需要打穿楼体安装底座。金属字和底座经过长期风吹晃动，容易破坏楼体防水层，导致顶层漏水。此外，出于安全考虑，要尽量减少在建筑物顶部或侧面安装此类金属字，既避免掉落引发安全事故，也不会影响建筑物本身的美观。可以设计安装在不同材质的落地背景墙或天然巨石上，同样不失美感和功用。

（四）分类统一

学校办公室、功能室、教学场馆，走廊楼道等，都是校园文化的有效载体，也是办学特色的外在展示。校园区域文化的设计风格，要服从于学校整体规划，在突出各自功能和学科特色的同时，实现色调样式的协调统一，全面融合乡土人文因素，展现地域文化教育成果。

在教室内外，一般悬挂守则规范、课程安排、班级合影、班级口号等内容。在功能教室附近，可以悬挂学科介绍、学科名人、教育成果等内容，室内一般悬挂管理人员标牌、管理使用制度等。不同的办公室则悬挂对应的规范要求、规章制度。

（五）载体应用

乡土学校的内外展板的选用，要与建筑物和校园风格一致，框架多采用木质等天然材质或者低色度喷塑金属，减少使用不锈钢等过于光亮的现代金属。展板背景设计可以使用纯色渐变，做到简洁素雅，展板内容设计切忌图文混杂，如果画中有字，字中有画，会令人难分主题。各种图片要尽量做到按比例展示，减少图片外观的异形化处理，尽量使用可更换式边框安装。同一学校、同一主题要设计统一的色调、背景和字体，实现背景颜色、栏目名称和字体字号一致，便于快速更换版面和更新内容。

现在很多学校为了迎接各种检查，校园内外到处是展板展架、标语口号，影响了校园的整体美感。要合理设计展架的形状和大小，并进行内容和版面的有机整合，减少校园版面数量；或者根据时段要求，将不同内容进行定期更换，提高展架的利用效率。展板展架要根据师生方便和工作实际，进行安装位置的合理规划。如各种公示栏要放置在学校门口，奖惩栏和通知栏要置于师生活动区域，健康教育栏目要靠近餐厅和运动场。

（六）图文资料

乡土特色学校的文化手册，配图配色要素雅大气，将观者视角集中在文字和图片之中。学校文化手册版式一旦确定，就可以固定流传下来，后续按照需要更换标题即可。版面设计要依照学校主色配色，做到简洁大方，颜色柔和，避免图文混编，颜色繁杂。

学校不同学科和不同科室的档案封面，可以使用固定的校徽校名等栏目版式，中间搭配相关的活动图片剪影，便于分辨和展示。不同学科可以用不同颜色区分，便于查找。各种师生用品可以选择不同校园文化要素作为封面设计，比如学习笔记用乡贤画像及其名言警句，奖励用品用乡土山水景观，等等。

（七）学段区别

幼儿园、小学的校园文化主题，应偏向具象化、动漫风，避免高深和难懂的文化主题，做到图文并茂，适应儿童的生理心理特点。中学阶段，校园文化深度要相应提升，趋于抽象化、青春风，做到实用简练，符合青少年的身心发展规律。

地方中小学校的校园文化设计，要落实各级教育制度和管理规范，以解决问题需求、实现教育激励、舒缓师生身心为目的。全体师生要成为校园文化的主要设计者和实施者，经过长期学习、观察、思考、试验、实施，形成具有乡土特色和本校风格的校园文化体系，并具有高度原创性和识别度，成为学校办学思想、办学历程、办学成果的综合缩影。

新乡土学校的地名探究

乡土地名是在不同时代，根据地理位置、地域范围、山川地貌、自然方位、民族迁徙、政治经济、气候环境、职业行业、衣食住行等因素命名的地域名称，乡土地名反映这一地域的含义由来、人文特征、行政归属、社会变迁。

由于战乱、瘟疫、灾害造成的地貌改变、人员迁徙，一些古老地名保留下来的不多。伴随时间的推移、社会的发展、区划的更迭，同一地域会有不同时期的不同地名或别名出现。在漫长的历史岁月里，地名有时因语言发展而变化，一些生僻字词会被替代，地名词汇中带有贬义或者歧义的字词会被更改，或者赋予新的时代特征和寓意，与最初的命名有较大区别。以山东为例，大部分地名来源于明清时期的移民历史，民国和解放后的地名则带有明显的时代痕迹，其地名要素如下：

城：以土石围起，便于防卫兵乱或匪患的军事区域或百姓居住之地。类似的还有"寨""楼""角""门""坞"等。

庄：封建社会时，官员或者地主为了生产经营便利，根据地界而设立的地名，也称"村""里""留""地""图""合"等。

屯：源于汉代以来的屯兵军田制度，是军士军属、属地农民为实现军粮的自给自足，由军民开荒种田逐渐形成的地名，类似的还有"营""镇""所"等。

山：多用于地名，类似的还有"岭""峪""涧""沟""坡""崖""窝""石""掌""岗"等；山之南、水之北称为"阳"等。

水：有水流经的地方，类似的有"海""滩""泉""洼""塘""溃""湾""涯""井""涝"等。

埠：设有码头，便于交通或者贸易的地方，类似的还有"港""桥"等。

集：一般指以前从事贸易的地方，类似的还有"口""铺""炉""市""店""窑""园"等。

关：地域边界的村落，如"镇""界""首""台""站"等。

路：按交通要道及方向命名，如"道""路""街""头"等。

建筑：以村居内外主要建筑为名，如"堂""屋""楼""房""坊""庙""寺""关""殿""宫""陵""碑""坟"等。

树：以居住地古树或者附近树林的树种为名，如"槐""柳""杨""树""林"等。

邻近的地名，往往相互之间都有关联，为避免重复，或以姓氏区分，或增加"上中下""前后左右""东西南北"等方位词，或添加形容词进行地名的同源派生和类似延伸。所以，地名是一个地方的社会学综合体，与当地历史、地理、人群、语言、风俗密不可分。

地名探寻是学校开展乡土教育的重要内容和基础课程。村、镇、县、市、省等各级乡土地名，包括其对应的各种历史别称，都具有社会性、时代性、民族性、本土性、指示性等特征，成为从古到今人们日常生活的重要构成要素。很多地方由于归属变化和历史传说等，都有其别名或者历史旧称。

以山东为例，"山左"原指山的东侧。明清时，"山左"成为山东省的别称，"山左"中的"山"指太行山。中国古代一般指坐北朝南，"坐于"太行山，则太行山左（东）侧为山东省，故也将山东称为"山左"。清黄宗羲《通议大夫靳公传》："先世为山左之历城人。"清刘大櫆《翰林编修李公墓志铭》："治运提学山左，公主校阅，甄拔号得人。"

明朝万历年间，籍贯山东的馆阁重臣于慎行、公鼐、冯琦等共举"齐风"，主张文风宏大雅正、闳音鸣世、巧夺自然、独树自我，后世称三人为明代万历前期"山左三大家"。明清时期，"山左"作为山东的别称出现在名片、家谱、试贴、匾额、叙录等文字之中。清康熙年间"国朝六大家"之一的赵执信在《谈龙录》中说："本朝诗人，山左为盛。"指清初山东诗人人才辈出。

中小学校进行乡土地名教育，可以延伸开展地方方言、民族民俗、乡土地理、家族迁徙、人文故事等课题研究，为各种乡土课程的选题与实施提供丰富的资料来源，便于师生了解家乡的起源来历，熟悉周边的风土人情。

新乡土学校的校训凝练

校训，原本是一个由日本引进的舶来词。中华书局1930年出版的《中华百科辞典》对"校训"的解释是："学校为训育上之便利，选若干德目制成匾额，悬于校中公见之地，是为校训其目的在使个人随时注意该种德目而实践之。"校训的字数不一，有些学校使用词语组合和典故成语构成校训，有些学校偏重于富含深意的单字组合。

校训是广大师生共同遵守的基本行为准则与道德规范，它既是一所学校办学理念、治校精神的反映，也是教风、学风、校风的集中表现，体现了办学传统，凝练了人文精神，代表了地域教育文化。校训，作为一个标尺，激励和劝勉在校教师和学生；校训也是一种文化，是一种面向社会的精神标志；校训能为学校起到宣传作用，给毕业生以终身激励；校训还对本校的创建历史或文化背景有所反映，饱含着独特的人文信息。

一所地方中小学校的核心办学思想，集中体现在校训上。翻开千百年厚重的乡土文化历史，梳理追寻当地教育文化记忆，总能寻找到地域文化精神特征和乡贤名人思想理念；地域历史上的私塾、书院和学堂，其办学思想和办学历程也给地方中小学校提供不竭的源泉和启发。校训要弘扬乡土人文精神，结合学校办学历史、学段特征、师生特点、教育需要，紧扣时代脉搏，体现身心激励和人文关怀，实现"美美与共，各美其美，大家不同，大家都好"的办学宗旨，充分体现学校地域特征、办学思想和育人目标。

一、诸子百家的学术思想

春秋战国时期，百家争鸣，引发了后人千百年的追随，他们的思想启蒙在受到学术流派影响的同时，也深受各自出身的乡土人文精神影响。汉武帝"罢黜百家、独尊儒术"之后，儒家文化成为中国千百年来的主流思想，便有了"半部论语治天下"的典故，很多大中小学直接引用或摘取《论语》名句作为校训。譬如山东是儒家文化的发源地，几乎各地都有孔孟二圣的嫡传或者再传弟子，他们的学术思想是地域文化的启蒙和代表，可以根据学校的学段特征和办学宗旨直接引用，或者加以摘取、凝练字词，但幼儿园和小学阶段应尽量采用通俗字词，避免生僻难懂。

二、地方名人的杂学渊流

"杂"者，非芜杂，博学之谓也。"杂学"乃博杂之学问，每个地域都有生发于乡土的不同思想流派和民俗文化。根据乡土的地理范畴，追寻研究地域范围内，特别是属于本校覆盖范围之内的乡贤名人学说和治学为人思想，因其具备独有性和排他性，如果盲目扩大范围，就会出现很多学校办学特色重合与雷同的现象。乡土志书、地方杂谈、名人记载中，一般都有相关乡贤名人的个人学说、学术观点、诗文著作，可以对原文进行深入学习借鉴，寻找与所在学校学段、学情、生情、师情适用的观点，将其作为学校校训的重要来源与出处。

三、私塾书院的典故由来

私塾是私家学塾的简称，是中国古代社会一种开设于家庭、宗族或乡村内部的民间教育机构，以"四书五经"教学为中心，是私学的重要组成部分。私塾成为一个社会常用词汇，是近代以后的事情，以示与官立或公立新式学堂的区别。中国近代著名的私塾，莫过于鲁迅笔下的三味书屋。鲁迅在三味书屋得到了启蒙教育，也给他留下了一个影响终身的"早"字。私塾植根于乡土社会，服务于村庄宗族，是古代社会地域文化教育的最小构成因素。

私塾的塾师一般都是由本地的秀才担任，通过师徒面授学生学习科举知识内容、延续乡土教育文化、传承地域教育脉络。乡土私塾的名号或匾额，凝聚着古代乡土教育者的思想智慧。譬如"三味书屋"出自宋代李淑《邯郸书目》，原为："诗书味之太羹，史为折俎，子为醯醢，是为三味。"意思是将读书比作美味佳肴，即很好的精神食粮，应该细细品嚼、尝出其中滋味。另一种说法则是寿镜吾的孙子所说："我不止一次地从我祖父寿镜吾的口中，听到解释三味书屋的含义。祖父对三味书屋含义的解释是'布衣暖，菜根香，诗书滋味长'。"地方私塾的办学理念和名称渊源可以作为地方中小学校校训使用。地方私立书院的建立，也展现了地方先贤的办学精神、求学方法、治学思想。私人书院的课业文章、题壁碑文、诗句散文，包含很多乡贤读书治学思想和为人处世观点，可以作为地方学校办学精神特别是校训的渊源。

四、官办书院学堂的办学宗旨

两宋时期，书院已有官学、私学之分。官学化是宋代以来书院发展的一个最显著的特点，特别是在明末东林党争之后，官府对私人书院的限制加强，官办书院得到蓬勃发展。各级官府增加经费，地方官员直接兴办书院，并为书院划拨学田作为经费，为书院的迅速发展提供了必要的条件。元代以来，官府大多采取给新建书院题匾赐额的方式。比如，山东肥城的"鸾翔书院"是由知县刘宇昌于清道光二年（1822年）亲自创办的官办书院，其匾额题写"擢秀储材"，意为草木旺盛、为国家储备人才，左右对联的上联是"览德辉而下之缅先民文笔鸣凤"，下联是"搏扶摇而上矣看多士云路飞鹏"，体现了古代读书人饱读四书五经博取功名，实现"修身、齐家、治国、平天下"的人生理想。清末，官府纷纷将书院改办为近代学堂，民国又将学堂改为初小、高小学校。学校可广泛搜集、研究明清及民国以来修建书院学堂、改庙建学等各种碑记，碑记上面记载着大量乡土教育信息，能够作为地方学校校训的重要来源。

五、地方学校的校训示例

以山东省肥城市老城街道初级中学为例，其校训为"礼、毅、智、新"。肥城距离孔子诞生和讲学的曲阜不足一百公里，境内有孔子晒书城等遗迹。肥城老县城清代建有有子庙，以祭祀孔子弟子有子。有子，名若，是孔门弟子中为数不多被称为"子"的学生，其在《论语》中留下了"礼之用，和为贵""孝悌为本""藏富于民"等学说，其思想至今仍有启示作用。《史记》亦载："有若曰：礼之用，和为贵。先王之道，斯为美。小大由之，有所不行，知和而和，不以礼节之，亦不可行也。"有子去世后，葬于肥城老县城，鲁悼公曾向他吊唁志哀，历代对其都有追封。

肥城市老城街道初级中学位于肥城老县城旧址。近年来，学校挖掘传统乡土文化，弘扬地域人文精神，并以此来凝练学校校训。将地方先贤有子的"礼之用，和为贵"中的"礼"字作为校训的第一个字，"五常四维八德"是古代中国用来维持社会关系的重要行为体制，包括对待国家、社会、他人、个人四个层面的要求和准则，"礼"是"礼、义、仁、智、信"五常的首字。把"毅"作为校训的第二个字，因为有子刻苦学习的精神，恰是当代师生最缺乏的意志品质，相传有子勤奋学习，看书时担心睡着而用火燎手。

《荀子·解蔽》中提到："有子恶卧而焠掌，可谓能自忍矣，未及好也。"把"智"作为校训的第三个字，体现有子所属儒家学派的思辨式学习方法，因为"智"从"知"，是知的后起字，寓意知行合一，培养学生学以致用、终身学习的能力。校训最后一个"新"字，寓意以古励今、古为今用，"青出于蓝而胜于蓝"，青少年要勇于接受和挑战新事物，应当有国际视野和创新精神。校训中的"礼、毅"侧重于做人做事，"智、新"侧重学业发展，涵盖了对学生从做人做事到学习发展的要求和目标。

六、当代校训的现状和应用

当前，部分学校没有立足地域实际、师生需求来凝练校训，而是随意模仿其他学校的校训，甚至出现了大学、中学、小学使用同一个校训的情况；有些学校的校训用词常见、意义普通，没有体现出学校的办学思想和培养目标，没有彰显地域特征、办学特色；有些学校的校训没有考虑学段特点和认知能力，采用了深奥难懂的单字和词汇作为校训，忽略了幼儿园、小学学生认知能力和思维水平，没有做到低学段校训应有的直观性和易懂性。

校训经过建校初期的凝练、提升和完善，就应该固化下来，实现有序传承，切勿随意更改。校训可以由本校书法较出色的校长师生或者毕业校友书写，字体宜端庄大气，切忌龙飞凤舞、难以识别。校训与校徽相配合，印制在学校学生校服、文化手册、毕业纪念册等各种载体上，成为学校办学精神的外在彰显。

校训适宜放置在学校迎门或者校园醒目处，可以专门建造校训墙，或镶嵌在楼体上，或刻制于自然石体及其他造型背景上。校训前面可以配上校徽，文字下面用英文或拼音对应标注。校训的设置要注意造型简洁，材质庄重，底色单一，背景典雅，以衬托校训的大气稳重，寓意深刻，发挥其随时引导和激励的作用为重。

新乡土学校的校歌创作

2 500 年前，孔子在创办私学时，就提出了"礼、乐、射、御、书、数"六种必学技艺，"乐"成为儒家教育的重要内容。《礼记·乐记》"故礼以道其志，乐以和其声，政以一其行，刑以防其奸。"古代的礼乐教化，体现在各种社会礼仪和规范之中，并伴随文人士子的人际交往、年节仪式等日常生活。

《尚书·虞书·尧典》记载："诗言志，歌咏言，声依永，律和声。"《礼记·乐记》记载："诗，言其志也；歌，咏其声也；舞，动其容也。三者本于心，然后乐器从之。"中国古代不合乐的称为诗，合乐的称为歌。鲁迅《书信集·致窦隐夫》："诗歌虽有眼看的和嘴唱的两种，也究以后一种为好。"

清末，近代新式学校出现校歌，逐渐被不同的大中小学校采用，并延续至今。当代地方中小学校的校歌，应当体现鲜明的地域特征和办学特色，让歌者牢记，让听者知晓，成为传承乡土文化、记录办学历程的重要载体。

校歌是体现一所中小学校信念目标、希望愿景、激励号召的特定歌曲。校歌是校园核心文化的重要元素，包含学校所在地域的人文精神、教育目标、"三风一训"等办学理念与要求。校歌作为体现学校办学历程、优良传统、教育特色、育人方向的有效载体，成为学校对外宣传展示的重要途径。

校歌传达了受教育者对乡土文化与教育的感知、对学校与师长的感恩、对母校和学生的期望，校歌还能弘扬尊师重教传统，彰显办学成果，激励师生奋进，与校徽、校旗等一起构成中小学校的独特个性和外显标志。

一、地域位置

校歌歌词的开始部分，通常选择当地知名的山川河流或者知名景观，作为本校所在方位的具体参照，让人们更容易辨识学校的地理位置。校歌可以使用所在地域的古称或者别名，体现学校所属区域的历史悠久、底蕴深厚。

二、乡土精神

校歌的歌词撰写，要彰显地域人文精神、展现地方民风性情，体现学校所在地域的尊师重教与崇学尚德风气。在相关志书中，查找代表乡土特征的咏景明志、睹物感怀的历代诗文，在校歌创作中直接引用或进行增添，从而体现乡土情感和地域特征，激发学生乡土情怀和家国意识。

三、办学历史

梳理学校的办学历程，寻找作为学校前身的古代书院、近代学堂、现代学校渊源，追溯其历史背景、办学缘由、办学时间、办学位置等，将师生人文故事、地方重要事件记录在校歌之中，彰显办学历史的厚重。

四、办学思想

搜集、整理和研究作为学校前身或本地的古代书院、近代学堂、现代学校的题词匾额、办学理念、历史校训，结合当前学校的校训、校风、教风、学风等办学理念，融汇体现在校歌歌词之中。

五、办学成果

将地方历史名人和知名校友的学说思想、历史影响、传说典故，本地书院、学堂、学校的人文故事，当前学校的办学特色、办学成就等体现在校歌之中，为师生树立身边的榜样，激发自豪感和自信心。

六、校园风光

选择本校校园中历史悠久的老树、老亭、老路、老楼等，将这些承载着学校历史的建筑、树木、景观，这些与师生朝夕相处，令他们印象深刻的事物，记录和保存在校歌之中。无论过多久，无论走多远，母校的某个人、某件事、某棵树、某扇窗，或者某条小路，都是毕业生温馨美好的终生记忆。

七、要求期盼

乡土学校的校歌创作，要贴近时代要求，围绕"德、智、体、美、劳"全面发展的育人目标，从师生未来发展的角度出发，转化为对师生做人做事、读书学习、爱乡爱国的具体要求和殷切期盼。

八、祝福展望

以学生视角回望，将在校生活学习的成长历程记录在校歌之中，特别是把莘莘学子对母校的不舍与留恋、期盼与祝福、愿望和展望抒发出来，这种发自学生内心的祝福和对母校未来的期望，是校歌精神在学生个体的内化与外延。

九、学段特征

低学段的幼儿园园歌和小学校歌要直观易懂，不能太高深生涩。随着学段升高，可以逐渐增加抽象化、人文化的歌词内容。幼儿园的园歌、小学的校歌旋律要欢快活泼，初中和高中的校歌要沉稳大气或慷慨激昂。

十、歌词凝练

中小学校的校歌歌词要简练明了，便于师生记忆和传唱，切忌生涩难懂。如果是历史悠久、名生辈出的地方名校，可以用文言文撰写歌词，或者使用清末、民国、新中国等不同历史时期的早期校歌，融入当前时代和教育要求，进行歌词和配乐的相应修改。

校歌内容要围绕学校教育教学主业、师生成长目标展开，尽量不要加入某个阶段的社会特征和流行口号，以免过时或不合时宜。前半部分一般融入校训等办学宗旨和思想，突出办学特色和培养目标；后半部分则体现学校对本校学子的殷切希望，以及师生对学校的感恩祝福。

十一、曲调配乐

乡土学校的校歌曲调，要贴近地域音乐风格，做到本地师生易于接受，朗朗上口。校歌的配乐可以适当借用当地民歌、民谣的风格和曲调，选择乡土特征浓郁、曲调抒情欢快、风格恢宏大气的片段进行截取和加工，以体现地域风格和人文性情，做到旋律简单易学，便于师生学习传唱。

十二、后期制作

校歌的词曲可以让本校师生进行创作，并参与配乐和演唱录制。师生创作合成的校歌，即便受专业素质及设备条件限制，整体效果稍逊，但具备真实感，接地气，便于后期的修改提升。有条件的学校，可以进行专业配乐和合唱录制，并制作校歌 MV 影片。人力物力不足的中小学校，可以利用网络搜寻相关音乐工作室，进行演唱、配乐及后期合成，可以节省成本，提升效果。

十三、推广使用

校歌与国歌一样，要列入学校音乐课的必学曲目，通过音乐课进行组织学习和推广。在广播操、大课间和上学放学时段，将校歌与其他音乐进行循环播放，做到耳熟能详。在开学礼、毕业式等重要典礼，以及校会、运动会等重要活动中，校歌要在国歌之后进行播放。学校组织各种合唱比赛，校歌应当列入必选曲目。

地方中小学校校歌一旦形成，就要固定下来，不要随意改动，保持其稳定性和传承性。校歌歌词可以印在学校文化宣传册、毕业纪念册和校园展板中，校歌可当作学校宣传片的配乐，作为学校核心文化进行展示。

中小学校的校歌与校训、校徽、校旗、校风、教风、学风一起，成为学校文化的独有标识，与校园建筑景物一同承载本校的办学特色，作为学生时代最熟悉的旋律，成为本校师生的温馨记忆。

新乡土学校的校徽元素

校徽、校章与校标是同义,是一所学校的特定符号与象征,可随身佩戴,是一种能表明身份、职业、荣誉的徽章标识。《战国策·齐策一·秦假道韩魏以攻齐》记载:"秦假道韩、魏以攻齐,齐威王使章子将而应之……章子为变其徽章,以杂秦军。"这是我国最早关于徽章的记载,当时说的徽章是带有标识的旗帜。

学校校徽带有学校名称和图案,是学校的外显标志与精神象征。校徽通过图案、文字组成造型,集中展示学校的办学性质和育人目标,并进行人员标识,可留作毕业纪念。佩戴校徽,可以培养学生的自豪感,展示学校的形象,提高学校的知名度。

现在,很多中小学校对校徽的作用重视不够,对其设计要素缺乏了解。大部分学校的校徽用校名的汉字或者各字拼音首字母组成造型,大多数采用扬帆启航、展翅飞翔、托起希望或者奋进发射等通行设计理念,导致不同学校的校徽出现大量同质化、重复化。如果几所中小学都在同一个地域,冠以同样的地名,会导致校徽图案的类似几率较高,很难区分识别。

此外,有的学校校徽图案和颜色过于复杂,远看或者缩小后不便于识别,不具备校徽应具备的本校独有、识别迅速、图案简洁、要素全面等特征。中小学校需要对学校办学历史、人文精神进行全面审视，才能设计出令人印象深刻、过目不忘的学校校徽。

一、民国校徽的设计特点

民国时期，是学校校徽出现后第一个发展高峰。民国学校校徽多由教育文化或艺术界大师亲自操刀，在有限空间完成形式多样、内涵丰富的设计。

（一）直接使用校名

适用于地域名校，大众认可度强，熟悉度高。

（二）直观体现地名

可以阐明学校区划归属、行政管辖、办学性质、学段特征。

（三）体现地域风光

寻找学校周围的知名山水，以简笔线描的形式，选择其简洁明了的特征进行展示。

（四）展示特殊职能

民国时期有大量私立中小学校，还有慈善义学、临时学校、简易学校等办学形式，很多学校将其特殊办学性质标识在校徽中。

（五）弘扬办学理念

将本校的校训、校风、学风放入校徽的合适位置，便于铭记和弘扬。如民国山东省滋阳县韦园小学的校徽上有校训：严、真、紧。民国河南叶县师范校徽上有校训：朴、勤、勇、忠。

（六）外形丰富多样

民国的校徽形状有心形、圆形、盾牌形、长方形、菱形、六棱形等形状，还有桃形、旗形、鹰形等特殊样式。在抗战之后，校徽造型以倒三角形为多，隐含"仁、智、勇"三方面寓意，相当于现在的德育、智育、体育。

（七）花纹设色大方

民国校徽设色丰富，搭配合理，以铜质镀珐琅彩为主要材质，多以梅花和其他纹饰作为花纹装饰。

（八）蕴含特殊意义

有些校徽记录当时的特殊背景，体现在细节之处，譬如建国前的解放区中小学校、抗战胜利时期的中小学校等校徽上面都有特殊标识，1946年的学校校徽一般加"V"形标识，庆祝1945年抗战胜利。

（九）校名全称简化

因为学校校徽尺寸有限，为了做到简洁直观，将过长的校名全称简略后，放在校徽合适位置。

二、民国校徽的设计案例

以北京大学的校徽设计为例。1916年，蔡元培任北京大学校长，第二年，邀请鲁迅设计北大校徽。鲁迅先生在文学创作之外，对木刻艺术情有独钟，在艺术审美上颇有见地。1917年8月，鲁迅将北大校徽设计完成，即被采用。鲁迅设计的北大校徽，以"北大"二字的篆体组成圆形，以适应校徽的外形。下面的"大"字、上面的"北"字形似三个人形，形成"三人成众"的意象，又如一人而背负二人，给人以"北大人肩负重任"的象征。标志造型似中式瓦当，中间部分采用英文，体现了中外兼容的办学思想，外圈简洁明了，展现了外延无限的境界。用设计对象的文字构成图案，是徽标设计的常用手法，鲁迅展示了校徽设计的出色才能，用文字构成拟人抽象图案，完美表现北大精神内涵。

建国后北大校徽改为文字校徽，80年代开始重新使用原校徽。2007年6

月,《北京大学视觉形象识别系统管理手册》正式发布,以"尊重历史、尊重传统"为原则,根据"便于识别,便于传播,便于制作"的原理,在鲁迅先生设计的校徽基础上,推出修改后的北大校徽标识,确定了深红色为标准色,并将其命名为"北大红"。

三、当代学校校徽的设计灵感

(一) 地域地名校名

地方中小学学校的校徽,可以选择与地名有关的地域特征、地图轮廓、名称起源,并结合校名的寓意,作为校徽设计的灵感来源。

(二) 地域山水景物

与地域相关的地名别称由来、与校名相关的山水建筑形象,经过适度简化变形,添加上校名汉字,配以英文或者拼音而成校徽,比简单的字母组合或汉字变形,更为形象直观。

(三) 办学思想目标

在校徽合适位置,设计和凸显学校校训内容、办学性质、学科方向的简笔图案和相关文字。

(四) 地域工艺纹饰

各种地方工艺制品、实用器具上的纹饰,代表了地方图腾崇拜和乡土文化追求。通过寻觅和收集当地印花布料、建筑设计、家具配饰、门窗造型的各种祥瑞图案,发现乡土文化中带有美好寓意的人物故事传说、飞禽走兽纹样、花鸟鱼虫形象,将其加工变形,使用在校徽之中,具有浓郁地域特色和乡土审美味道。

(五) 地域建筑纹饰

乡土建筑的檐头瓦当和屋脊瑞兽,大多刻印篆体文字和鸟兽纹样,在圆形或半圆形的瓦面之中，做到疏密得当、图文合一，造型夸张，实现"近处看细节，远处可识别"的效果。特别是建筑构件中的瑞兽图案、砖瓦文字，由于陶土材质粗糙，要想突出效果，必须做到形象简洁、高度提炼，才能保证烧制的瓦当雄浑大气、寓意明确，可以作为校徽图案的重要来源。

（六）学校建校时间

将本校或前身的最早建校时间，以各种字体变形的方式体现在校徽上，以示办学历史悠久，增加人文厚重感。

（七）办学培养目标

将学校的办学目标、培养方向加以凝练，将其内容组合、形象图案展示在校徽之上，如代表学习用的毛笔，代表实践用的工具等简笔画。图案不宜过多过杂，否则缩小在小型证章上，会难以识别。

（八）学校代表建筑

将不同时期的老校门、老楼、老亭等标志性建筑物，以适宜角度、简洁轮廓放置在校徽上，作为学校的典型象征。

（九）书法夸张变形

校徽的字体通常用秦篆和缪篆，也有使用隶书的。字体富于变化，多随意弯曲，挺拔遒劲。建国后的校徽有了很大变化，形状上以长方形为主。字体大多由政要名人题写或书法家书写，特别是"毛体"，成为各大中学校校徽竞相使用的字体。

（十）校徽配色制作

校徽设计要做到图案简洁、颜色单一、色调沉稳，切忌用色杂乱、图案随意。整体构图以校名汉字、典型图案为主体，在边缘合适位置环绕英文或者拼音。这样的校徽设计，无论是放大还是缩小，都能清晰辨认，可以应用于各种学校文化手册、档案资料、校服校旗等处，大到大门楼宇标志，小到胸前标牌，都具有高度识别性和排他性。

当代地方中小学校的铜质校徽已不多见，多以合金为主，并出现水晶滴塑、PVC等现代材质，样式造型多以圆形、长方形为主。有的学校将校徽和学生证结合在一起，其正面还有学生姓名、照片和编号。

四、地方学校校徽的设计案例

以肥城市老城街道初级中学校徽设计为例。肥城老县城又称"卧虎城"，据《肥城县地名志》记载："元世祖至元十二年（1275年），以平阴县的辛寨、孝德等四乡，在辛寨东北十五里旧城（今老城）复置肥城县。"县城头枕群山，足登大河，左右有川。东侧城墙为避免河流冲刷，顺河道走向呈不规则形状，城池整体似平川卧虎而得名"卧虎城"，其街道和景观也以虎身部位和内脏名称命名，是全国唯一以虎形为平面布局的县城城池。肥城老县城是肥城区域文明的发祥地，境内有大汶口文化时期北坛遗址，自元代到改革开放初期（1980年），作为肥城政治经济中心长达700多年，直到因地下煤炭开发而拆除搬迁。

肥城市老城街道初级中学名称来源于肥城老县城，校徽设计以肥城老县城的别称"卧虎城"为灵感。通过思考和筛选，选择汉代虎形瓦当作为卧虎城的象征，将瓦当图案进行了重构和变形，清晰了边缘，裁剪多余部分。通过设计调整，形成蹲卧于地上的虎形剪影，在校徽下半部增加了半环形的城池，彰显卧虎城之意。在虎身增加了翅膀，寓意青少年如虎添翼，生机勃勃。校徽外环上半部是英文校名，下半部是中文，做到庄重大气，简洁大方，清晰明了。

肥城市老城街道初级中学的校徽设计，将卧虎的形象与老县城城墙融为一体，使得飞虎的乾坤与标识的外圆构成类似太极的形象，象征老城作为肥城近千年老县城拥有的悠久历史和文化。校徽的整体设计寓意老城中学广大师生卧虎藏龙，人才济济，如虎添翼，努力进取，在初中学习生活中迎难而上，提升自我，为终身发展奠基。

在校徽的配色上，考虑到各种场合的使用、各种材质的印制，采用单一的靛青为标准色。《荀子·劝学》云："青，取之于蓝，而青于蓝。"靛青是从蓼蓝里提炼出来的，但是颜色比蓼蓝更深，荀子用靛青比喻在学术上有所建树的后起之秀，而用蓝草比喻他们的老师或前辈。老城中学的校徽颜色采用靛青色，寓意老城中学学子经过初中阶段的学习和生活，其学业及成就超过老师、胜过前人。

地方中小学校的校徽设计要具备乡土特征和学段特点，做到清晰识别、印象深刻，以满足各种场景的需求。校徽可以广泛应用于学校的公众号、校门、校训墙、校服、校旗、胸牌、校报、文创等不同场合。无论载体大小，只要设计简洁大气，带有本地本校特征，就可以做到迅速识别，成为地方中小学校的专属标志与精神象征。

新乡土学校的校旗设计

校旗，与军旗、团旗等类似，是一所学校的专属旗帜，是学校的外在标识文化之一。校旗的设计，要具备校徽、校名等要素，融合学校的地域特征、学段特点、培养目标，体现学校的办学思想、教育理念，彰显师生的精神风貌，展示学校的办学特色。

一、校旗的元素

校旗与校训、校徽一样，是各级各类学校的核心文化标识之一，也是学校学段特性与办学特色的外显标志，是地域文化和乡土特色的形象标识，校旗的基本元素包括校名、校徽、校名的拼音或者英文字母组合。

校旗与本校校徽、学校主色是紧密联系的共同体，是两者在校旗设计中的应用和体现，也是校徽地域特征和办学特色的相关延伸。可以说，校徽是校旗最醒目的元素，校旗是在校徽基础上制作的。

二、校旗的布局

一般来说，校旗的设计布局，要根据学校校名的字数而定。校名全称字数少的学校的校旗，校徽一般位于左侧，其右侧上方为校名汉字，右侧下方为校名的拼音或者英文字母组合；校名字数多的学校的校旗，可以采取校徽在上，校名居中，拼音或英文在下的布局方式。

校旗中的汉字、英文或拼音的字体，要与学校固化的字体风格一致，实现与校徽等学校核心标识上的字体的统一。校名字体要庄重大气，兼顾飘逸与朝气，以彰显学校整体形象和师生群体的精神气质。

三、校旗的颜色

校旗用色分为旗帜底色和图文颜色，不宜超过三种。校旗底色一般为蓝色、白色、红色等常见色，以单色为多，个别采取双色进行不同比例的底色拼接，但这种设计较为少见。校旗底色的色度要适中，过浅的色度显得有气无力，过于鲜艳和花哨的颜色欠缺稳重。

校名、校徽等颜色要与校旗底色形成对比，一般以蓝白、红黄相配色。校徽应用于校旗时，其颜色要服从于校旗的整体配色，特别是配色复杂的校徽，有时要改为单一颜色，既避免花哨，也便于校旗应用于各种载体。

四、校旗的学段

小学和幼儿园的校旗、园旗，要适合少年儿童的心理特征，可以适当加入卡通元素，色调要活泼大方。随着学段的提升，特别是初、高中阶段的学生处于从形象思维到抽象思维的过渡阶段，校旗整体设计风格要逐渐趋于简洁大气，热烈庄重。

五、校旗的制作

校旗设计完毕，可以制作同比例的喷绘或者写真，进行色调色度、文字图案等构成要素的比例把控、审视调整，一定要注意各基本元素的大小比例和字体搭配。校旗的长宽比例一般为 3∶2，校旗的尺寸一般为 2 号，即

240cm×160cm。可以根据具体场合、相关载体进行相应尺寸调整，但基本比例不能变形失调。

校旗的材质要根据适用场合而定。室外悬挂以防水防皱的春亚纺布料等材质为宜，制作小旗帜以精编布料为多，在室内陈设以贡缎为主要材质。校旗制作，一般是进行丝网印刷。当前网络物流发达，可以在线设计制作，直接印制校旗，更为耐用和美观。

六、校旗的悬挂使用

校旗与国旗可以同时悬挂，国旗应当悬挂在校旗之前，校旗高度要低于国旗。校旗用于学校运动会等大型活动，由旗手牵掣展示；可以安装于杆体之上，用于集体出行或者参与赛事；可以制作成臂章或者胸标，用于学校竞赛用服装；可以制作成手持小旗，用于各种节庆场合或文体展演。

七、校旗的延伸应用

根据学校不同场合的不同需求，可以将校旗应用于学校文化手册等不同地方。让学生参与设计，依据校旗风格要素，衍生出本校各年级、各班旗帜，例如根据本班级学生的年龄属相，设计和创作班级旗帜的图案。

八、校旗的设计实例

肥城市老城街道初级中学的校旗，其中的校徽标识是以肥城老县城旧称"卧虎城"为灵感，结合汉代瓦当设计的学校独有标识，校名书法为禹卫的行楷字体，校名汉字和英文的颜色均为白色，校旗底色以具有广阔胸怀的大海之蓝为主色调，与学校"青出于蓝而胜于蓝"的理念相关联，象征学校在社会各界的包容、关爱、支持下，获得持久、多元、和谐发展。

新乡土学校的地域校服

《诗经·秦风·无衣》："岂曰无衣？与子同袍。王于兴师，修我戈矛。与子同仇！岂曰无衣？与子同泽。王于兴师，修我矛戟。与子偕作！岂曰无衣？与子同裳。王于兴师，修我甲兵。与子偕行！"诗中的"同袍"，原指的是同穿一种战袍的将士，体现的是一种团结协作、共同御敌的精神。地方中小学校在教育教学活动中，要注意培养学生的团队合作意识，而校服就是学生的集体衣着标志。

校服是指学校为了展示本校形象、规范学生管理而采取的统一着装。将校徽、校名、甚至校训印制在校服适当位置，作为不同学校的标识和区分。统一穿着校服，有利于培养学生的团队意识，彰显学校的精神风貌，培养学生的集体荣誉感，实现着装平等朴素，避免校园出现服饰攀比风气。

研究乡土服饰的作用和寓意，可以让师生了解更多的地域文化信息，结合当代师生个性化、多样化的审美眼光和场合需求，实现古今融合、取长补短。通过进行合理的调整改良，制作乡土风格的校服系列，改变当下以欧美、日韩及运动风格为主流的校服样式，彰显乡土文化特征，传承华夏衣衫之美。

一、华夏服饰文化的汉服源流

我国自古以来就十分重视服饰所承载的礼仪和文化，自古就被称为"衣冠上国，礼仪之邦"。《春秋左传正义·定公十年》："中国有礼仪之大，故称夏；有服章之美，谓之华。"《尚书孔氏传》曰："冕服采章曰华，大国曰夏。"古人是以服饰华采之美为"华"，以疆界广阔、文化繁荣与道德兴盛为"夏"。故无服饰之美，无礼仪之重，难以称之为"华夏"。

中国是由五十六个民族组成的大家庭，几乎每个民族都有自己的传统服装和配饰体系。以汉服为例，它承载了自然演化而形成的汉民族服饰特征，明显区别于其他民族的特色服装和配饰体系。汉服上身的服装是"衣"，下身的服装叫"裳"，衣服前面叫"襟"，后幅称"裾"。汉服的主要特点是交领、右衽、束腰，用绳带系结，也兼用带钩等，给人洒脱飘逸的印象，这些特点都明显有别于其他民族的服饰。汉时女子上穿短襦，下穿长裙，膝上装饰长长下垂的腰带。男子常服是上身穿襦，下身穿犊鼻裤，并在衣外围罩布裙，不论官员、商贾、士人、工农，装束样式都基本相同。

元代之后，明朝政府采取了上承周汉、下取唐宋的治国方针，对整顿和恢复汉服形制极其重视，明代的服饰面貌仪态端庄，气度宏美，成为中国封建社会服饰艺术的典范。明代汉服的复兴虽然在清代剃发易服统治政策下消失了，但因其具有强大的生命力，部分服饰元素得以保留。直到现在，道教服饰以及一些边远山民、少数民族服饰还保持着汉服的部分特征，现代社会的一些重要祭祀、纪念活动、民俗节日等仍能看到汉服的部分元素。当前，受影视文学和游戏角色的影响，汉服文化在青少年群体中得到自发的喜爱和流行，成为传统文化复兴的典型标志。

作为同属于儒家思想文化圈的亚洲邻国，朝鲜、韩国和日本受到中国汉唐文化的全面影响，经过本土改良而形成韩服、和服，成为各自国家和民族的重要文化符号。日常穿着乡土服饰参与各种节庆活动，成为地域传统文化的重要传承和鲜明特征，体现出了东方世界独特的审美观。

二、中国文人服饰的要素特征

《宋史·志·卷一百零四·舆服三》记载："袍以绛罗为之，折上巾，通犀金玉带。系履，则曰履袍；服靴，则曰靴袍。履、靴皆用黑革。"古代读书人服装服从当时官方要求，依据当地风土特点，其样式形制、冠带配饰、图案纹样遵循严格的等级规定和层级分类，避免复杂的花样和刺眼的颜色，体现华夏传统服饰的时代性和审美观。不同朝代的冠服，受到不同时期民族交融的影响，从而展现不同的风格。如果随意混搭，就会不伦不类，失去传统服饰的整体协调和搭配美感。

在乡土古诗文内容、古画意境中寻找地方文人服饰的相关描绘，进行参与和复原。古代以衣服颜色、材质、样式作为各种人群的外显标志，并形成特定的称谓以示区别。

白丁：指古代平民着白衣，所以常以"白丁"称呼平民百姓，或以白衣、白身称之。刘禹锡《陋室铭》："谈笑有鸿儒，往来无白丁。""白丁"可引申为没有学识的人。

白袍：旧指未得功名的士人。唐士子未仕者服白袍，故以为入试士子的代称。宋洪迈《容斋三笔·卷第九·叶晦叔诗》："一闲十日岂天赐？惭愧纷纷白袍子。"宋叶适《叶路分居思堂》诗："白袍虽屡捷，黄榜未沾恩。"

布衣：麻布衣服，借指平民。古代平民不能衣锦绣，多穿布衣。汉桓宽《盐铁论·散不足》："古者庶人耋老而后衣丝，其余则麻枲而已，故命曰布衣。"诸葛亮《出师表》："臣本布衣，躬耕于南阳，苟全性命于乱世，不求闻达于诸侯。"古时布衣之交，即指贫贱之交。

青衿：指青色交领的深衣，是指周朝学子和北齐、北周、隋唐、两宋国子生的常服。《诗经·郑风·子衿》："青青子衿，悠悠我心。"《毛传》："青衿，青领也。学子之所服。"也指穿青色衣服的人，多指青少年。宋代苏轼《坤城节集英殿宴教坊词·放小儿队》："青衿旅进，虽末技而毕陈。"

晚清和民国初，知识分子群体以长袍马褂作为标准装束，材质以棉布或者丝绸为主。中山装是孙中山先生在广泛吸收欧美服饰特点的基础上，综合了日式学生服装（诘襟服）与中式服装的特点，设计出的一种立翻领、有袋盖的四贴袋服装，被世人称为"中山装"。

1929年4月，中山装经国民政府明令公布为法定制服，成为当时政界和学生的主流着装样式。20世纪50年代以后，中山装成为从国家领导人到普通老百姓的正式服装。20世纪80年代以后，中山装在民间逐渐被其他服饰替代，但国家领导人在出席重大活动时，依旧习惯穿着中山装。

三、地域服饰的特征研究

乡土服饰是在地域环境影响下形成的传统服饰文化。乡土服饰适合当地的审美观念和气候特点，具备防风防尘、防雨保暖、防暑降温等不同功能。其材质一般为就地取材，以棉、麻等自然材质为原料，色彩以白色、青色、皂色等颜色为主，样式纹样适应当时的时代要求和乡土环境。

乡土服饰带有鲜明的地域纹理和配饰特征，特别是袖口领口的样式做法最具代表性。人们常将几种不同形状的图案组合在一起，或取其寓意，或取其谐音，以此寄托美好的愿望，抒发自己的感情。

这些富有浓厚民族色彩的传统图案被称为"吉祥图案"，在各种纺织物上体现得非常充分，如"福从天来""金玉满堂""连年有余""暗八仙"

等。尽管这些图案的形状各不相同，有的结构也比较复杂，但在传统服装配饰上，被组织得和谐有序，并在主体纹样中穿插一些云纹、枝叶或飘带，给人以轻松愉悦的感觉。

四、地域校服的设计制作

从二十世纪辛亥革命之后，制服式校服逐渐出现在国内中小学校，男生校服以中山装、女生以短襟衫为主要样式。

解放后，由于社会经济的制约，部队旧军装长期成为学生的校服替代品。二十世纪九十年代至今，宽松运动服成为校服的主流，能够满足学生学习和运动的双重需求。随着生活水平的提高，单一的运动款式校服已经不能满足学生的要求，日韩款式、英伦风格的制服式校服越来越多。种类也从单纯的春秋装拓展到夏装、冬装、卫衣、毛衣、衬衫等，有的还配套了鞋袜、帽子，以及领结、领带、徽章等配饰。

当前校服样式多样、色彩缤纷。很多学校使用红色、橙色、黄色等饱满暖色作为服装主色，其设计初衷是让学生穿着醒目安全。但是，校服需要长期在校园和课堂内穿着，过于鲜艳的颜色会分散学生的注意力，导致兴奋过度而产生身心疲惫。而古代文人的服饰，颜色以低色度的青色、蓝色、灰色为主色，配以白色等元素对比提亮，既能凸显读书人的儒雅气质，也可以有效降低相互间的视觉刺激，将有限的精力集中到学业之中。

通过征集本地古代、近代等服饰实物，开展古今乡土服饰的发展分析，研究地域服装与当地气候民俗的融合应用，结合当代中小学生的学习、运动、生活、社交需求，对古代传统中式服装的臃肿保守等不足进行优化改良。将乡土材质、地方纹饰、地域样式、审美配色融合在校服设计之中，搭配出不同季节、不同场合、不同款式的中小学校校服。乡土校服整体设计要在简洁中追求大气，改变人们对传统服饰老气过时的误解，让师生体验到乡土服饰之美和地域文化之趣。

美观、舒适、安全是校服的主要功用。可以用白色或者灰色作为衣领和袖口颜色，采用对襟、斜襟样式，搭配传统纽扣，内置隐藏拉锁便于穿脱。校服订制要量体裁衣，做到宽松合体，符合学生活泼好动的年龄特点。设计制作时可将发光条缝制在肩部或者腋下，起到夜间反光的安全效果。根据校服的穿着场合，使用行楷或者篆书字体书写校名，与校徽搭配在校服合适位置，有的学校还把校训印在校服适当位置上，时刻起到提醒作用。

要注意传统风格校服的整体搭配。如果身着一身古衣，脚上却穿着五颜六色、款式各异的皮鞋或旅游鞋，或者上下和内外服装没有统一时代风格，导致古今混搭，会显得不伦不类。可以将学生日常穿着的鞋袜、头饰、围巾等系列服饰配件，一起列入乡土校服设计体系，做到内外协调、上下一致，实现地域服饰的和谐之美。

五、地域校服的师生参与

一款成功的乡土校服设计，需要研究历代地域服饰的演变历程，结合华夏服饰的不同优点，参考传统文人的穿着风格，体现浓郁的典型乡土特征。学校可以召集对服装设计制作有兴趣爱好的教师，聘请掌握传统服饰制作技艺的家长，开设地域服饰研究和设计制作课程，组织学生成立汉服研究社、乡土服装社等社团。通过当代青少年对传统服装的研究与认识，防止对名牌衣服鞋帽的追逐攀比风气产生，获取对传统地方服饰的直观体验，拓展学生对家乡地理气候和人文风俗的全面了解。

研究历代地域服饰的演变，开展乡土校服设计大赛活动，由师生亲自参与设计春夏秋冬系列校服，包括各种鞋帽、配饰，使之得以全面融入地域乡土因素，体现古代服饰就地取材的特点，做到实用性和审美观的有机整合。乡土校服的原料种植、纺线织布、裁剪制作等由师生按照传统方式进行，培养他们对乡土服饰文化的兴趣，提升个人着装审美的能力，可以将传统服装的设计与制作，当作终身相伴的爱好或职业。

"乡土不土"。对乡土服饰文化的全面认知和亲身实践，有助于认识华夏服饰文化之美，树立师生地域文化自信，培养正确的审美观和购物观，也有助于彰显乡土学校的文化底蕴和办学特色，给广大地方中小学校的校服设计提供丰富的资源和启发。

新乡土学校的校长赠言

赠言，一般是指临别之时，对他人的忠告或鼓励的话。《荀子·非相》曰："故赠人以言，重于金石珠玉。"唐代诗人骆宾王在《夏日游德州赠高四》中道："赠言虽欲尽，机心庶应绝。"

地方中小学校，根植于一方乡土，校长一般由本地人担任，他们掌握地域风土人情，传承学校办学精神，明晰学校办学历程，熟知师生人文故事。在每届学生毕业之时，校长作为学校的引领者，在毕业纪念册或者同学录写序赠言、寄语勉励。根据时代要求和未来发展，鞭策毕业生回顾在校的成长得失，敦促他们为己为乡、为国为民不断奋斗，为其未来人生指明方向，履行母校管理者的责任和义务。

一、时间

校长赠言，首先要阐明具体年级、毕业时间，回顾毕业生在校年限和重要历程。年份月份多用干支纪法和农历别称，以示尊重历史传统。

二、背景

每个人的成长都会或多或少地受到当时社会环境的影响，甚至留下深刻的时代烙印。不同时期的校长赠言，一般都会提及本届学生入校就读和毕业时期的社会形势，阐述外界对学校教育和师生学业的影响，以此引领正确价值取向，颂扬地域乡土精神，激励师生拼搏奋进，树立乡土情怀和家国意识。

三、历程

结合学校办学历程和时代变迁，描述校园重要建筑和知名景观，回忆在校期间的师生活动和学习生活。通过记录学校内外人文环境，反映学生时代美好时光，反思在校学习生活得失，阐述母校教育对毕业生今后学习、工作与生活的重要影响。

四、期望

由校长对毕业学生进行谆谆叮嘱，通过叙述时代特征、本校特点、师生故事，或循循教导，或引经据典，或慷慨激昂，或直抒胸臆，彰显不同校长的办学思想、育人理念、学识水平、个性特征、个人期许等。最后，校长代表母校和教师表达对毕业学子的留恋不舍，提出对大家未来人生的期盼和希望，嘱咐诸生珍惜师生之间的终生情谊，克服人生之路上的艰难险阻，祝福本校学子做到"青出于蓝而胜于蓝"，成为不忘乡土、为国效力的各行各业栋梁之材。

五、校长赠言示例

肥城市老城街道初级中学 2017 级毕业赠言

槐月末，毕业季。2017 级三百余生将告别母校，故编印同学录，以资纪念。

韶光荏苒，人生惜少年之时；赤子心诚，古人重孩提之交。初中三载，如幼树移植，一年观其适否，二年积蓄力量，三年枝繁叶茂。鸢翔楼上众生同窗共读，激扬奋进；讲堂内外诸师谆谆教导，拳拳关怀。课堂上下，援疑质理，讨论探究，如鸢翔卧虎；漫步校园，观鸢台瞻岱，泮池跃鲤，杏坛有若；徒步研学，欢声笑语，一路高歌；朋辈互助，共同成长，提升自我。美哉，老中校园，风景如画，擢秀储材；壮哉，千年卧虎城，百年老学校，莘莘学子，人才辈出。

"花有重开日，人无再少年"，今分袂扬鞭，各奔前程。然自此之后，难能全聚，惟梦回母校，心系故知。每忆少年时光，则思校园景物；每论初中生活，便念师生情谊。少年志在四方，必担修身、齐家、治国、平天下之任。人生之路，不敢预卜，为师者，莫不视生如子，愿尔坦途。然梁公启超曰："盖人生历程，大抵逆境居十六七，顺境亦居十三四。而顺逆两境，又常相间以迭乘。无论事之大小，必有数次乃至十数次之阻力……夫苟其挫而不退矣，则小逆之后必有小顺，大逆之后必有大顺……彼以坚苦忍耐之力，冒其逆而突过之，而后得从容以进度其顺。"曾文正公又云："天下古今之庸人，皆以一惰字致败；天下古今之才人，皆以一傲字致败。"望诸生守礼毅智新之校训，行孝悌忠信之常事，度酸甜苦辣之人生，记熟能生巧之学道，交互助向上之益友。少年强则国强，少年智则国智。牢记学思并进，行智合一。凡事认真努力，必有大成小就。数年之后，或年节相遇，共话青春，或遇于异地舟车，相视而笑。十数年后，则置身社会，缓急相助，患难相扶。至数十年之后，把晤于同窗相聚，忆老中时光，悟宽严之益，说师生故事，其感慨，不知更何如耶！

庚子年孟夏，王正于肥子故邑鸢台。

第七章

新乡土教育的场馆基地

新乡土学校的教育场馆

孔子在《论语·述而》中提出"志于道，据于德，依于仁，游于艺"的教育思想。其中，"艺"指"礼、乐、射、御、书、数"六种基本技能，也就是后世所说的"六艺"。可以看出，早在春秋时期，孔子举办的私学已经开始重视学生的全面发展。陶行知先生说过："活的乡村教育要有活的方法，活的方法就是教学做合一。"新时代乡土教育，通过教育场馆的情景再现开展教学活动，比单纯的图文讲授更易于让学生接受和理解，特别是对身边的文学家、科学家及乡贤乡民智慧故事的介绍，利于培养学生的学科学习兴趣，提升学生的学习动力，增强个人意志品质，培养良好学习习惯，对全面提升教育教学质量具有重要作用和意义。

乡土教育项目可以与学科功能教室结合，构建乡土教育系列场馆，进行国家课程的地方化拓展。在乡土教育场馆中，通过创建乡土文化的氛围，编写通俗易懂的教材，让学生用眼睛看、用耳朵听、用脑袋思考、用双手去做，由浅到深、由点到面地学习实践，获取宝贵的地域文化认知，从而增强对乡土生活的亲近与熟悉，与学科理论实现知行合一，为今后的学习、工作、生活提供丰富的生活体验和创意源泉。

一、乡土教育场馆的整合应用

乡土教育场馆与学校现有的功能教室进行结合，可以节约资金，整合人力物力，促进相关学科的乡土化延伸。中小学校的综合实践教室、技术教室、音乐教室、舞蹈教室、美术教室、书法教室、史地教室、理化生实验室等，还有图书馆、校史馆、安全教育馆、科技教育馆、礼堂、餐厅、心理咨询室、团队活动室、卫生保健室、运动场等，都可以作为乡土教育的场馆载体。将乡土教育主题作为国家课程的延伸和拓展，对学校功能室和室内外场地进行适当调整和改造，在其原有学科应用上顺势而为，增添相关教具材料，实现教、学、做的知行合一，全面彰显地域特征和乡土特色。

地方中小学校的乡土教育场馆，也可以依托各级少年宫、主题教育基地等项目进行。少年宫是指在学校的正常教育活动之外，各级政府根据地区状况、师生需求、经济情况，设置的不同的活动场馆和项目，供当地的青少年使用学习。自2011年以来，各级部门划拨专项公益金支持乡村少年宫项目，少年宫成为提升周边青少年综合素养的服务平台，成为学校功能室和场馆的有力补充，也为乡土教育的实施提供了宝贵支持。

学校少年宫通过课程实施和社团活动，做到校馆结合，减少了重复投资，补充了资金来源，丰富了教学内容。少年宫课程与学校课程既有区别，又有联系，少年宫对学校现有功能室进行特色化提升，实现各类课程的乡土化传承，成为国家课程的有益补充。

在广泛考察乡土教育资源的基础上，根据地情、校情、学情、生情，对"德、智、体、美、劳"五育主题进行梳理、分类和整合，开展功能室的共享结合、教具整合、课程融合，对原有场馆加以调整提升，实现学校空间利用的灵活性。无法与学校现有功能室进行结合的乡土课程项目，可以视情况再增加新的场馆。

少年宫打破了校内学习和校外生活、室内学习与室外实践的界限，立足乡土文化特色的展示，实现国家课程与地方课程、校本课程、综合实践课程的地域融合。帮助学生对乡土文化进行全方位感知，形成对地域文明的接受和热爱，培养其融入周边社会的能力，增强乡土文化自信心和自豪感。

二、乡土教育主题的选择甄别

中小学校的传统教育主题，如果不从乡土特性抓起，盲目引进外地风格，很难有持久生命力。当前中小学校的特色教育主题，主要存在以下三方面问题：

一是雷同化。一些中小学校在传统文化教育方面，进行了很多的摸索和尝试，但没有深入研究和实地验证。特别是对身边的乡土文化资源不够重视，挖掘不足，仅仅满足于人有我有，甚至互相模仿。

二是跨地域。忽视校情生情，将异地异校的课程特色移植到本地本校，缺乏乡土根基，造成水土不服，得不到师生认同和接受。例如北方气候干燥，日常需要大量饮水，以达到御寒提温、去火防燥的作用。因此，南方小盅慢斟的茶道文化，不如北方的大碗茶更符合当地人的饮食习惯，南方的茶道课程在北方学校的社团学习中大多是表演过场，无法做到落地生根。

大多数人对外地特产仅仅是浅尝辄止，无法做到长久的喜欢，因为"一方水土养一方人"，地方人群的脾胃经过千百年的进化和适应，只认可熟悉的家乡味道。课程设计亦是如此，只有立足地域环境和乡土特色，按照师生性情和需求开发的乡土课程，才能具备长久的教育价值。

三是缺甄别。有些入选的课程资源，不具有乡土教育价值，与教育关联度不高，需要进行甄别审视，避免其分散和干扰师生的时间、精力。

乡土教育主题在当前中小学教育活动中的缺失和浅薄，究其原因，是对乡土文化的概念内涵缺乏系统学习和亲身实践。只有整理乡土教育的历史，梳理地域文化的体系，才会发现真正适合师生需求的乡土教育主题。

结合学校的硬件设施、教师的专业素养、学生的认知水平、知识的难易程度、课程的实施进度、资源的丰富程度、项目的应用价值，对乡土教育主题进行认真搜集与遴选，建立学校的系列乡土教育场馆。乡土教育场馆可以大体分为：乡土教育陈列馆、乡土学校校史馆、乡土工艺体验馆、乡土民俗体验馆、乡土游戏体育场、乡土文化图书馆、乡土安全体验馆、乡土心理疏导室、乡土戏剧音乐馆等。在此基础上，中小学校可以进一步细化具体场馆主题，全面参与设计施工，重点考虑以下因素：

（一）经济性

通过前期调研、过程预算，立足学校实际和师生需求，考虑原料来源和工艺流程，要用有限的资金，做出较好的效果。开展活动时，要把握好课程进度和难易程度，避免耗费学生过多的时间和精力。

（二）地域性

按照"人无我有、人有我优、人优我特"的原则，来确定乡土文化教育主题，学习传承地域文化的典型特征，全面研究乡土特产的原料来源、工艺方法、制作样式、使用范围。

（三）学科性

研究乡土文化课程与各学科课程的相互补充、相互融合、相互推进关系，对国家课程实施起到全面推动作用。

（四）实用性

乡土教育主题的拓展，只有着眼于让师生认得清、学得会、记得住、用得上，才能使地域文化资源得到更好的弘扬和传播。

（五）完整性

对待乡土教育传承不应付、不糊弄，不以今充古，不以点代面，保证乡土文化教育的原汁原味和完整体验，才能获得持久的生命力和认同感，取得令人满意的教育效果。

（六）学段性

根据不同阶段学生的年龄特点和接受能力，确定该学段乡土教育主题研究的深度和广度，开展相应的教育实践活动。

（七）拓展性

乡土文化教育要从不同角度拓宽学生的综合视野，拓展学生的立体思维，让其从平时熟视无睹的乡土文化之中，培养发现问题和解决问题的能力。

三、乡土教育的师资来源

（一）校外师资

在寻访乡土教育资源的过程中，要将乡土文化各行各业的专家请进来，将具有典型地域特色的课程资源找出来。家长群体是最好的校外师资，可以采取志愿或者课后服务的方式，培养稳定的乡土教育校外师资队伍。

（二）校内师资

乡土教育具有真实生动、贴近生活的优势，师生一旦对乡土文化耳濡目染，产生浓厚兴趣，就可以成为旧乡土文化的传承者和新乡土文化的创造者。乡土教育的校内师资，可以是教师甚至是学生，要让学生广泛参与乡土教育的素材征集、教具制作、教材编写、教学实施，实现先学后教，教学相长的育人效果。

（三）网络师资

随着农村的拆迁、城区的改造，当前乡土文化的传统工具、工艺作品逐渐难觅其踪。可以发挥网络的搜索功能，查找相关爱好者的寻访记录和视频图文，遴选同一地域的相近乡土教育资源，进行查缺补漏、解疑释惑，让网络资源成为乡土教育素材的有力补充。

四、乡土教育场馆的建设原则

乡土教育场馆的建设和应用，不能影响原有功能教室的正常课程活动。乡土教育课程是国家课程的乡土化延伸，是综合实践、校本课程的地域化实施。其场馆的外观设计原则要体现地域美学和乡土特色，可以采用逆向设计思维，即"从使用考虑空间，从空间考虑布展，从布展考虑施工，从施工考虑设计，从设计考虑规划"，实现建设过程的倒推思考，保证乡土教育场馆规划设计的合理性和前瞻性。

(一) 选址

校史馆宜设置在学校安静方便的位置，图书馆从安全承重和进入方便的角度考虑，一楼最适合；音乐合唱及器乐类活动室要远离教学区，窗户面向操场等非教学区；综合实验楼和艺体楼走廊宽度以三米为最佳，可以在两边设置展柜或者橱窗，便于展示乡土教育成果。此外，要预留合适的室外活动场地，如游戏场、试验场、绿化苗圃、生物园地等，便于进行不同乡土教育应用。

(二) 外观

根据不同乡土教育展馆的功能要求，结合学校所在学段的师生特点，采取不同的材质配色、设计不同的外观组合，总体风格以安全实用为宜，适应不同课程、不同场景的教育需要。乡土场馆外观设计要体现地域建筑风格，使用本土特有材质，做到简洁大方，主题突出，避免花哨。各类场馆、工作室、基地的授牌，场馆的活动主题、管理制度等展板，在大小、设计、材质和位置上要协调统一。

（三）设计

根据乡土文化的教育主题和参与人数，设置相关场馆的教学和展示空间，规划人员进出和操作路线，按照学习流程、操作工序进行实物器材的合理布局。要避免各类场馆之间相互干扰，并考虑安全疏散问题，预留活动余地。

（四）步骤

没有完美的设计，只有不断的反思与调整，才能实现乡土场馆设计的优化提升。乡土教育场馆的设计和建造，要提前规划，分步实施，可以边设计，边施工，边摸索，边调整。学校进行教室等大范围的统一改造，可以设计制作样板间，经过师生试学试教查缺补漏，再全面推行施工，避免后期频繁更改，甚至推倒重来，增加改造费用，浪费人力物力的现象发生。

（五）教具

乡土教育场馆要传达明确的乡土文化信息，选取具备乡土特征的教具，以便在有限的时间和空间里，提升学生的学习效果。乡土教育课程的教具可以发动家长和学生进行征集，保证其真实性和时代性。相关实物由于历史原因残破陈旧，其外在的岁月痕迹和内在的审美价值，更有教育价值和教育影响。

（六）资金

大部分中小学校由于生源和经费有限，能用于乡土课程和场馆改造的资金有限。乡土教育场馆必须提前做好预算，保障规划项目稳步实施，并按要求逐级申请，完善审批手续，避免后期因手续不健全或者资金超预算，带来各种困扰，甚至出现违规问题。

（七）安全

场馆的设计，一是要注意电路的承载负荷、规范布局，严格按照安全用电规范设计与施工，这是教育场馆的主要安全保障；二是要注意场馆及展柜的通风防潮，设置必要的通风换气以及空调设备；三是提前规划和安装各类防火预警和灭火设施，并定期检查更换；四是要安装各种监控系统，便于保护器材展品和师生人身安全；五是合理规划进出路线和疏散通道，避免人流拥挤引发踩踏事故。

（八）氛围

乡土教育展馆的前言和结束语，可以做成"线装书"的样式，寓意整个展馆就像一本徐徐打开的教科书。乡土展馆要有整体简介、内容展示、研究课题、成果介绍，要培养师生讲解员，配备相关音响设施，便于播放背景音乐和进行授课解说。

（九）图文

乡土教育展馆要建立醒目标识，指示展馆参观方向、演示步骤、物品方位，让师生及外来人员容易识别寻找。各种介绍牌、展板的文字编辑和图文设计，需要考虑受众的认知水平和滞留时间，从达成学习目标的角度进行换位思考，做到简洁大方，重点突出，图文并茂，实现较好的教育效果。

（十）成果

结合各种节庆活动，举办校园艺术节、文化节、读书节、戏剧节、采摘节、体育节等，向社会各界和全体师生展示乡土教育成果。将各种场馆的图文简介和活动概况，放置于相关场馆外的公共区域，便于其他师生及外来人员的认知了解。场馆最后部分，将各级来访的重要机构人物、乡土课程活动的成果奖励进行汇总展示，彰显乡土教育场所的教育功用和传承价值。

乡土教育场馆的教学场地可以设置于校园内部，也可以设置于学校以外。作为教育媒介的乡土教材既可以是文本材料，也可以是生活本身。乡土教育场馆的规划和设计，需要做到因地因校制宜，结合人力物力现状，考虑地情师资、学情需求，在设计施工、文化建设、课程实施、社团建设、实践研学等方面学习反思、调整提升，让师生获得更好的学习体验和学习效果。学校教育场馆要根据当地经济社会发展需求，争做地域文化的引领者和示范者，取其精华，去其糟粕，树立乡土文化自信，带动相关产业发展。

通过学校教育场馆的建设应用，长期被熟视无睹的乡土文化，将以知识学习、实践体验的方式走近师生，在促进师生全面发展中起到营养剂和催化剂的作用。乡土教育活动的开展，从身边的事物进行学科延伸，可以激发学生的学习兴趣，触动学生对家乡的感知，延伸到对国家的情感，从而树立乡土情怀，厚植家国意识。

新乡土学校的校史展馆

校史馆，顾名思义，是记录和展示一所学校办学阶段、办学历史、办学精神、办学风貌、办学成果的专门场馆，记录全体师生工作、学习和生活的历史轨迹，进行学校教育教学实物、师生历史成果的展示陈列。校史馆整合档案室、德育室、荣誉室的相关功能，是学校核心文化、教育成果、重大活动、师生影像的综合体现，是师生和外界了解学校办学历程、学习身边榜样、树立乡土自信的重要载体。

校史馆按照时间发展顺序，追寻地域文化记忆，延续乡土教育脉络。以实物和图片对照的形式，记录学校发展状况和人才培养情况。通过研究乡土教育历史，探寻学校教育对乡土社会发展、人文精神生成的重要作用，对当代中小学教育工作有重要的启发和借鉴价值。

一、合理选址

校史馆不同于其他功能室，是一所学校保留和延续办学精神的重要场所。校史馆是一个学校的灵魂所在，一般要设在学校的显要位置，楼层以一楼为好，有条件的可以设置在独立建筑中，便于本校师生和外来人员随时参观。通过不断梳理地方办学脉络，研究学校的办学历史，追寻学校的前世今生,随时补充、丰富、完善学校相关史料。

二、资料来源

校史馆一般以年代为节点,对学校建校及发展历程进行时间段划分。如果是多校合并而来,要对这些学校的办学历史分别进行追溯,并将其融入当前学校的校史之中,这样既符合历史事实,又体现多元融合。从并入本校的各所学校的前身追根溯源,最终确定本校能够往前延伸的时代年限和历史称呼,如明清时期的官办或私人书院、清末各级学堂、民国国民学校、解放后各级各类学校。

当地省志、县志、镇志、村志等地方志,以及教育志、出版志等行业志书,可以提供基本的教育文化发展脉络。中小学校按照从古到今的不同历史时期,广泛征集当地原始社会、奴隶社会、春秋战国时期、封建社会、民国、解放初、改革开放以来的教育资料与教育实物,进行文字发展、教育场所、教学方式、人才培养、教具学具、师生用品、教育变迁、名人成就、教育成果的系统研究与整理,并查找各种书籍资料,补充相关实物资料。

学校发生的重要事件或者重大变化,都有其相关的社会发展背景;一所学校的发展变化,与其周边的乡土社会息息相关。校史馆的资料实物多寡和系统整理与否,决定着校史馆的价值和意义的大小。要登门寻访本校退休干部教师和往届校友同学,广泛征集资料实物,以印证学校重大事件,保证校史的完整性和真实性。

三、设计施工

一是重点突出。校史馆不要在高端设计和豪华装修上做文章,学校历史发展和办学成果才是校史馆的重中之重。校史馆的整体设计,要简洁大气、庄重朴实，按照时间节点，突出教学流程和教育场景，系统展示各时期文字图片资料，按年代顺序和大小形制摆放实物，对学校办学历史和地域教育文化进行真实再现。

二是合理布局。根据房间的内外空间、出入口，合理设置参观路线和疏散通道，尽量做到不走回头路，避免进出人流重合。可以用玄关和展墙进行空间分隔，增加空间纵深和横向展览面积，以满足当前布展和后期提升的需要。要根据前期资料搜集情况，进行合理的空间分配，尽量将同一时期或同一主题的实物和展板放置在同一空间内。

三是颜色搭配。校史馆的整体配色以棕色、灰色、青色等低色度、偏中性的冷色为主，可以采用白色、黑色穿插，主色调尽量不使用红色、黄色等暖色，以简单朴素的色调体现教育的文化气质。

四是展柜设计。根据展品实物的数量、大小，选择全橱窗展柜或者移动地柜进行展示。全橱窗展柜要采用钢化玻璃保障安全，展台高度离地面的距离一般不低于成年人的膝盖位置，整体高度可以根据展板内容和房屋高度而定。可以安装可开启玻璃门，便于展品实物摆放更换。展柜内设要预留足够空间，便于安装照明设备和换气系统，展室的门窗套、踢脚线的颜色和材质，要和展柜的颜色趋于一致。

五是氛围营造。根据具体展示内容，选择相应的灯具样式、分布数量、光源颜色。实物展品一般用暖黄色灯光烘托氛围，图文展板或书籍档案用暖白色灯光为宜，做到清晰可见。射灯的照射角度，要集中在需要师生关注的展品或图文。展厅顶部一般采用黑色格栅吊顶，方便安装展厅射灯、背景音响、安全监控等，并实现顶部空间的延伸感。

六是调温换气。校史馆要考虑人员参观的最大流量，采用适当功率的空调有效调节展厅的温度。展馆的空调一般采用天花机，悬挂于顶部格栅之内。喷淋防火系统、大功率换气扇要同时安装到位，既能保障室内安全，还能保证随时通风换气，解决狭小空间内人流量大造成的空气污浊问题。

四、实物选择

一些学校的校史馆，将大量人力物力用于内外装修，却极少花费时间和财力寻觅实物档案。"百闻不如一见"，校史馆展品的选择要注意种类多而全、数量少而精，选取能反映每个时代本地教育历史发展的实物。带有本地本校印记的教育资料，能体现学校不同历史时期的各种变化，展现当时的社会变迁和师生印记，对学校来说弥足珍贵。

教育主题展馆不是民俗展馆，要围绕教育主业选择资料实物，避免非教育类的民俗物品堆砌其中。进入校史馆的生产工具和民俗用品，是为当时社会发展和教育工作提供佐证。要坚持以点带面的原则，展示具有鲜明特征和象征意义的师生用品。要注意展品真伪和时代甄别，即使破旧或是残缺的历史实物，也比仿品具有时代感和真实感。

（一）石碑区

教育类石碑是记录教育事件、表彰功德的重要载体，铭刻学校建立缘由、民众捐资助教、校舍新建改造、学校历史事件。石碑一般单独配座，用角铁制作梯形立方体底座，将石碑用角铁框住四角，与底座连为一体，确保稳定安全，放置于校史馆相应位置。为便于师生识别，可以制作石碑拓片，悬挂在石碑附近，配以简体白话文解释，便于不同年龄和文化程度的参观者欣赏学习。教育类石碑可以从附近村镇、街区、学校建筑中寻找，或者根据拓片、照片、图文进行复制。

（二）沙盘区

制作学校前身的沙盘模型，让师生直观了解以前书院、学堂、学校的形制模样。微观模型要注重细节，复原校园代表景观，如校友念念不忘的一棵树、一座亭。要注意修旧如旧，即使破旧不堪，仍是美好回忆。制作沙盘模型时，可以用当时的校园照片进行场景复原，部分毕业合影或者单人照片也能提供当时校园局部影像，作为珍贵的历史资料进行多方拼接复原。校园沙盘可以由本校教师购买材料制作，也可以委托微缩模型公司定制，要适量设置当时的师生教育场景，通过校舍、桌椅、取暖方式、食宿条件、教学硬件、师生服饰等方面的展示，直观展现本地本校教育工作的发展变化。

（三）课本区

课本是每个人青少年时期读得最慢，也是最认真的一本书。无论对这门学科喜欢与否，都要学习半年或者一年甚至更长时间。若干年以后，再看到学生时代的课本，看到熟悉的插图、难忘的内容，是对学生时代最温馨的回忆。根据学校历史脉络，重点寻觅清代末期、民国初期、抗战时期、解放前后、改革开放以来各时期各学科教科书，乡土历史地理、俚言杂字、扫盲课本等地方教材、校本教材等等，按照时代顺序制作课本墙，进行直观展示、分类陈列，师生可以从封面、内容、纸张、制作工艺中感受时代发展，获取教育感悟。

各时期的蒙学读物，如《三字经》《弟子规》《百家姓》《千字文》《幼学琼林》《澄衷蒙学堂字课图说》等，解放后各种识字扫盲教材，分别进行专题陈列。民国和新中国成立后的连环画，当代的各种绘本、武侠小说、科幻小说等，代表了不同时代学生的课外读物。

（四）试卷区

试卷是学生最敬畏的纸品，是检验教学质量的痕迹证明，由于其时效性、个体性、单薄性，试卷也是最难保存的教育资料。试卷印制分为木刻、手抄、油印、胶印、铅印、打印等方式，不同时期所用纸张材质区别很大，体现了教育历史发展的时代特性。陈列不同时代的考卷、成绩册，展示不同时期的考试科目、评分标准、教师批语、考试政策。

(五) 教具区

教师所用教具跟随时代发展而进步，教师书写工具从毛笔、石笔、钢笔、粉笔到电子触控笔；教学展示媒介从木制黑板、水泥黑板、玻璃黑板，到一体电子黑板；展示设备从纸张、幻灯机、电视机、电脑＋投影仪，到教学一体机；指示工具从竹竿、激光笔，到电子教鞭……教具的不断更新换代，是为更好地提升课堂质量，提高教学效率。校史馆可以展示不同时代的留声机、收音机、黑白电视机、彩色电视机，各时期电脑显示器、主机、录放机、影碟机、磁盘读写器、读卡器、扩音器、唱片、磁带、光盘、磁盘、优盘等音像教学设备。不同时代的教员或教师的自制教具，也可以专题展示，对当代教师更有启发意义。

(六) 学具区

各时期的文房四宝笔墨纸砚、各种照明灯具；各时期的学习练习用具，从古代木刻印版、试贴格子纸、石板石笔、草纸簿录、各时期印有封面绘画、地名校名的各学科成品作业本，到当前的学习机、平板电脑，等等。

(七) 文稿区

各时期的校报校刊、汇编文集、师生作品、简介手册、毕业留言册、同学录、往来书信、明信片、师生日记、备课本、介绍本地及本校人物和事件的相关报刊。

(八) 校服区

集中展示各时期的学生服装。从清代长袍、马褂、瓜皮帽，到民国仿欧式学生制服、童子军装、中山装；从解放后的军装、校服、黄书包、红袖章、徽章，到改革开放后的运动式校服、日韩式、欧美式校服，可以用塑胶人物模特进行校服展示。

（九）校名区

带有学校名字、印记的校牌、印章、校旗、标语、老校牌，特别是带有不同时期校名的师生桌椅、器材橱柜、文体设施等，可以在学校档案室、实验室、仓库找到部分实物。

（十）玩具区

各时期的乡土传统玩具、集体游戏用具、游戏场景的照片绘画，全面展示乡土社会青少年的课余娱乐方式，展现以往青少年就地取材制作玩具的乡风民俗。

（十一）交通方式

在不同的历史时期和家庭背景下，学生上学放学的方式不同。有的步行上学，担着书箱或者背着书包，有的乘坐人力车、畜力车。解放后，随着生活条件的改善，学生逐渐骑自行车、电动车，或乘坐校车、私家车上学放学。不同时代的书箱、扁担、搭袋、雨伞、书包等相关实物，可以按时代顺序逐一陈列。

（十二）奖状奖品

从古代考试奖励的花红赏钱、官府乡里祝贺中举进士的匾额喜报，到民国奖励的墨盒镇尺、奖状奖杯、奖牌奖品，再到新中国成立后的各种奖状、奖品等，品种繁多，可以分类展示。

（十三）办公用品

书写工具有毛笔、墨汁、铅笔、蘸笔、钢笔、墨水、圆珠笔等；试卷讲义印刷方式有木版刻印、手动油印、电脑打印等；报时播音设备有铁钟、大喇叭、电铃等；通信设备有手摇电话、拨号电话、按键电话等。

（十四）办学精神

各时代办学思路、办学特色演变，各时期学校的校训、校风、教风、学风，按照时间顺序展示，结合时代背景加以诠释。

（十五）成果荣誉

不同时期各级政府部门授予学校或个人的重要荣誉，师生在各类重要比赛中获得的证书奖品，教育教学活动的工作成果、荣誉表彰，因学校和师生帮扶他人、见义勇为等好人好事由家长及社会各界所赠送的锦旗等。

（十六）赠品留言

设置专门展柜展架，放置在日常交往或校庆活动中友好学校、不同校友的赠品；可以用老式办公桌椅或学生课桌椅，作为留言桌，摆放各种留言簿，供来访人员登记、题词或赠言。

五、展柜图文

展架展柜的制作材质和颜色要统一，避免繁杂的装饰花纹，以古朴方正、色彩单一为宜，墙壁背景壁纸或者壁布选用的颜色、色度要比展板颜色略深。一般选择无花纹素色布纹，色调以浅棕黄或者浅灰为好，避免红色、黄色等过于明亮跳跃的颜色。展馆要突出图文资料和实物展品，避免喧宾夺主。说明标签以深灰色背景配白字为多。展柜的宽度和长度要预留足够空间，便于补充资料或调整实物。

内部展板可采用可开启边框，或者用镜钉安装，便于后期移动位置或者更新内容。展板外形样式、格式、字号、字体要一致，图片尽量找到原照进行放大，保证清晰。展板外观要方正，外形杂乱会影响图片完整性，显得不庄重。展板背景以乳白、浅棕、浅灰或者浅黄色布纹为主，为与背景壁布有所区分，文字大多使用黑色或者深棕色的宋体。展板图文最终确定之后，尽量同批次一次做好。因为即使同一台喷绘写真机，在不同时段喷绘作品也会存在色差，造成展板色调不一致。如后期有修改，尽量把同一区域的展板全部更换，以保证展区的图文色调风格保持一致。

六、展品布置

在校史馆开篇，要介绍本地历史沿革和行政区划调整，进行乡土地名释义，作为学校发展的历史背景材料。校史馆的各时期展板，要突出教书育人主线，通过展示学校各时期历史事件、校址变迁、建筑更新、育人方式、学习方法、评价体系、教具学具的发展变化，来反映学校教育教学工作的时代变迁。

根据空间布展，选择带有校名地名或者事件印记，或教师校友捐赠的重要展品，按照高低错落、疏密有度的要求，对照展板图文顺序，进行有序摆放。根据展品大小，可使用高低大小不同的底台进行衬托，也可以采用亚克力透明展架等进行展示。较小的实物，如校徽或者图文，可以摆放立式放大镜进行放大观看。部分大型展品，如石碑等需要进行必要固定，防止倾覆造成危险。有关学校建设与发展的重要痕迹，如师生搬运学校物品的扁担、手推车等，可以进行单独摆放，反映艰苦奋斗的办学历程。

七、图片影像

校史馆要以照片陈列为主，按毕业顺序进行排列。如果有学校合并经历，可以将合并前的几所学校照片分开展示。师生合影要尽量搜集齐全，尽量让每个毕业学生回到母校，都能找到自己的照片，讲述当时的师生和学校故事，形成最温馨的校史回忆。

学校照片包括各时期的重大新建改造项目、承办的各级现场会，不同时期的老建筑、老教室、老器材，带有时代印记的背景墙、标语、服装等，各类学校运动会、艺术节等节庆活动，可以分区展示出来，让师生对比感受。照片陈列要突出学校办学历程，淡化各级各类荣誉，各级领导视察照片做到少而精。长期在本校工作的退休及在职教师，积累的学校和个人历史照片较多，通过积极上门寻觅，往往会有意外惊喜；从学校分管人员的纸质档案和电脑资料中，可以寻觅补充不同时期、不同角度的历史照片；也可以发动本校学生回家寻觅，其亲属邻里有在本校就读经历的，往往能够保存并提供相关照片实物。如不方便捐赠的，可以进行复制，并及时将原件返还。

照片展示以原版照片为好，翻拍复制的照片限于技术手段，缺乏真实感。以前的黑白照片，如果保存得当，展示效果非常好。师生合影、重要事件、教师校友照片可以按照历任校长、历任教师、知名校友等分类展示。改行的教师单独陈列，校友按照行业分类，各行各业都要涉及。校友排序不分职业，不看学历，不按职务，只要有突出事迹的，都可以陈列其中，要按照入校时间、年龄长幼悬挂照片，注明该生姓名、入校时间、经历、现状，可以采取活动相框，便于人员增减调整。

要注重学校与师生影像视频的录制剪辑，并做好妥善保存。可以由学校广播站的小记者，从不同角度准备好采访提纲，上门拜访老校长、老教师、老校友，听他们讲过去的学校和师生故事；也可以邀请他们到校现场回忆，不需要设立专门的场景，朴素的校园一角就可以完成采访。老校长、老教师将学校师生人文往事娓娓道来，对当代的师生来说更具感染力和教育价值。在此基础上，添加各个时期的校园景观、师生活动、改造项目、重要成果的音像资料、图片和视频内容，一部校史专题片即可诞生。

八、校史馆的应用

新建学校可以从建立档案馆开始，逐渐建立学校的校史馆。收集陈列学校的第一本备课本、第一张卷子、第一次活动、第一枚校徽、第一块奖牌、第一张合影，逐步分类存放。按时间节点将相关的教育成果、媒体报道、成长故事、师生表彰、校刊校报、图文实物及时收纳、集中陈列。用不了几年，一座内容充实、分类清晰的校史馆兼资料室就建立起来。

最好的校史，是所有师生的影像和回忆。中小学校的校史馆，融合乡土教育、校史教育、德育教育、人文教育于一体，真实再现学校的办学历程和师生故事。校史馆可以开展古今教育研究、乡土文化论坛、教育教学讲座等活动，为学校发展提供强大的精神动力和后盾支持。校史馆的建立和应用，可以彰显学校的办学精神，展示学校的教育成果，记录珍贵的师生经历，激励当代师生以优秀师长为榜样，走好自己的人生道路，为学校增光添彩。

新乡土学校的饲养园地

"鹅,鹅,鹅,曲项向天歌。白毛浮绿水,红掌拨清波。"骆宾王的《咏鹅》成为国人朗朗上口的童年诗歌。当前旧村、旧社区的大面积楼房化改造,使得青少年普遍缺乏接触和饲养乡土家畜家禽的经历。地方中小学校设立乡土动物饲养园地,可以弥补当下青少年乡土生活的普遍缺失,有利于促进学生对乡土自然的全面认知。现以乡土家禽的校园饲养为例,结合肥城市老城街道初级中学百鸽园的设计、使用过程,谈一下中小学校饲养园地的设置和应用。

家禽是指人类长期驯养,不属于野生动物保护范围的禽类动物。养殖家禽主要为了获取其肉、卵和羽毛,也有作观赏、伴玩、比赛等用途。家禽一般指雉科和鸭科动物,如鸡、鸭、鹅等,也包括其他科的鸽子等禽类。家禽为人类提供肉、蛋,其羽毛和粪便也有重要的经济价值。

一、乡土禽类的选择

乡土家禽是经过本地人长期驯化,能适应当地气候环境、耐受食物病害的禽类。中国地域辽阔,各地都有长期选育的本土禽类品种。学校可以与当地农业或者畜牧兽医部门联系,取得专业指导和帮助,以获取纯正的禽类种源，获得科学的饲喂指导。单一品种的家禽数量不宜过多，能让师生直观了解乡土禽类的特征和区别即可。要突出展示乡土禽类通过人工选育，形成适应不同功用的地域进化，如单纯肉用、观赏毛色声音及把玩争斗比赛的不同品种。每个品种禽类雌雄各选择一至两对配对成功，处于繁殖期的乡土禽类能够很快进入产蛋孵化的教育展示过程。

二、乡土禽园的位置

乡土禽园可以设置在校园广场、操场的景观带或者绿化区内，远离教学、宿舍和餐厅区域，以免对日常教育教学活动产生干扰。乡土禽园要选择在通风向阳处，附近要有适当遮风挡雨的植物或墙体，以利于防风保温、保持环境安静。

三、乡土禽园的修建

经过人类长期驯养选育，乡土家禽具有较强的服从性和归巢性。组织师生到乡间观察研究当地农民制作的禽舍，了解当地禽舍的设计制作要点，特别是防风防雨、透气保暖、产蛋孵化、排泄清理及防止敌害病害等功用，由师生就地取材，设计制作笼舍。

（一）材料选择

笼舍要根据禽类的体型、数量和特点进行设计，以实木或砖石结构为佳，便于加工制作，合理划分进食、饮水、排便、活动、休息及产卵孵化区域，外观可以涂刷清漆防腐，不要使用过于鲜艳的油漆，以便与周围环境协调融合。

（二）展架设计

展架以原木制作为好，更能贴近自然。可以介绍相关禽类的科属和来源，特别是地域进化历史、乡土培育特征及优缺点。将乡土禽类从产卵育雏到成长成年的照片，按时间顺序进行排列，直观展示禽类成长的历程。

（三）护栏设置

选择禽园护栏以绿色浸塑围网为佳，避免淋雨生锈，也能防止禽类撞击笼舍受伤，要安装监控和报警设施，防止生人和动物侵入。

四、乡土禽类的驯养

乡土禽类园地，开始由学校物业人员和保安照顾喂养，逐步让班级学生分时饲喂照料，用哨子等工具或者固定语言召唤，使禽类逐渐形成条件反射。幼雏时期可以使用围网防护，待禽类成年繁殖以后，可以撤去围网，让其自由活动。驯养过程中，注意避免个别学生和成人的恶意驱赶和声音刺激，以免禽类受到惊吓。通过模拟自然场地，经过驯养和适应，乡土禽类白天在校园玩耍，夜间自行归巢。

按照家禽各阶段需求，进行饲料饮水的合理搭配，要防止饲料发霉变质。如果让学生喂养，注意提前洗手消毒，避免因不洁引发疾病。根据不同品种和不同时期要求，适当添加砂石、红土、贝壳粉等食材，帮助禽类磨碎食物补充营养。饮水器具要每天清洁，保证饮水洁净。

五、乡土禽类的防疫防害

乡土禽类的饲养，按照正常防疫流程进行禽类防疫，避免常见传染病传播。可以将药物按配比混合在食物或者放入饮水中预防。发现病禽及时治疗或转移，并请专业人员进行疾病治疗。不随意引入健康状况不明的禽类，防止带入各种疾病。

乡土禽类的兽害，主要是老鼠、野猫和黄鼠狼等。为避免鼠害，禽舍要尽量远离过于茂密的草丛。饲料尽量不要落在地上，并及时清理，避免给老鼠留下剩余食物。可以设置灭鼠毒饵站，但要注意防止禽类误食。猫、鼠和黄鼠狼主要在夜间对禽类造成威胁，要在周围树木上设置防爬刺，做好夜间舍门密闭工作。鸽舍用不锈钢管挑高到 1.8 米以上，才能防止黄鼠狼等天敌攀爬。如黄鼠狼和野猫对禽类造成危害，可以用笼具诱捕，到较远的地方放生，避免其再次返回侵扰。

六、乡土禽园的教育价值

（一）开展乡土禽类认养

由班级认养并给禽类取名，负责禽类日常饲喂、水具食具的清洗，清理排泄物及掉落羽毛。让学生体验禽类从产卵孵化到成长繁殖的全过程，感受乡土劳动之美和养殖之乐。学生准备和携带饲料，要经过家长同意，避免强制之嫌，要提前告知学生禽类喂养要求，避免禽类因喂食不当出现疾病。

（二）举办乡土禽类摄影展

通过拍摄禽类日常活动，展示其成长过程，举办相关摄影展览，并评选各种奖项。有条件的可以在孵化区做单向玻璃，安装数字摄像头进行直播，让师生随时观察禽类生活和孵化育雏过程，拍摄第一手观察资料，培养学生的观察力和坚持力。

（三）进行乡土禽类文学创作

搜集乡土禽类诗文进行赏析，品味乡土社会生活；举办乡土禽类作文大赛，让学生通过亲自观察、亲身体验，写出情真意切的相关文章。

（四）成立乡土禽类生态社团

可以配备红外相机，全天候持续记录研究禽类活动情况，拍摄禽类孵化和成长过程，全程跟踪研究禽类的生活规律，并撰写相关考察调研报告，进行成果展示和交流。

（五）进行乡土禽类的综合利用展示

让学生开展调查研究，认识到家禽为人类提供毛、肉、蛋等多种产品的价值。可以举行班级信鸽放养等比赛，开展青少年对乡土家禽的多元应用研究，培养新一代农业工作者或业余爱好者。

（六）研究乡土禽类的心理调适作用

校园中能随时随地与乡土禽类接触，有利于师生感受田园之乐，特别是内向性格及特殊群体青少年更需要这类心理抚慰。一般来说，喜欢小动物的孩子，其爱心指数明显高于同龄人，能够有效避免和减少网络游戏带来的暴力倾向。

（七）发挥乡土禽类的德育教育价值

大部分的乡土禽类，都有拟人化的地域传说故事。如雄鸡一唱天下白的含意、白鹅与王羲之的渊源等，从勤奋学习、励志修身等角度对学生进行熏陶教育，也符合青少年心智发育和成长规律。

地方中小学校，可以在有限空间里合理设置乡土禽类养殖园地、户外鸟笼鸽舍。假以时日，乡土家禽在校园山水草坪景观中穿梭，特别是带领孵化出的幼禽踱步，自由自在的禽类身影与校园环境和谐统一，既为校园增添生动的乡土气息，也为师生学习工作进行有效减压，还会成为最贴近青少年内心的校园记忆。

新乡土学校的耕读农场

乡土粮蔬，是千百年来乡土民众在本土野菜或外来粮蔬中反复试验，实现种子或者根茎繁殖，不再依赖野外或引进种源的粮蔬品种。地方中小学校可以将乡土粮蔬种植作为劳动实践项目，从本地气候、水土、习俗等角度开展耕读农场建设，开设相关课程和社团活动，为新时代劳动教育开辟实践基地。

一、耕读农场的前期准备

（一）乡土粮蔬的品种界定

一般将本地粮蔬品种，作为耕读农场种植的主要对象。可以参考当地志书，特别是植物志、农业志，对乡土粮蔬的种类起源、营养价值、优点劣势等进行研究，选择适应性强、无需过多投入的品种，实现乡土粮蔬的顺利种植。

（二）耕读农场的水土调配

一方水土养一方人，粮蔬也是如此。不同的水土，决定了不同地区粮蔬的口感差异，可以让师生进行测土试验，通过研究本地土壤的酸碱度等特性，了解乡土味道的形成原因。师生亲自进行土壤配比测试，制作农家肥料或者利用餐余废弃物制作酵素肥料，尽量不要使用购买的商品种植土。师生拿起铁锨，挥舞锄头，亲自锄草松土、参与种植管理，真正出力流汗，体会"一粥一饭，来之不易"的艰辛过程。

二、耕读农场的种植过程

（一）乡土粮蔬的包产到班

分班种植乡土粮蔬，尽量做到品种全覆盖。学生全员参与乡土粮蔬的采种育苗、搭架养护、灌溉施肥、打芽疏果、收获加工、包装销售等全过程。

（二）乡土粮蔬的种植区域

乡土粮蔬的种植，可以根据校园空间灵活组合，在校园空地、绿化带、楼顶等地方按班组分区摆放种植箱，种植当地不同的粮食和蔬菜，让师生在校园生活中体会乡土粮蔬的生长过程。

（三）乡土粮蔬的农时利用

研究二十四节气中的农时活动，按照本地乡土习俗栽种粮蔬，不使用温室大棚反季节种植，不采取人为干预措施，依靠大自然的光合作用，按照传统种植方式进行。有条件的学校可以自行育苗，不具备条件的可以联系当地种植户购买成品苗。

（四）乡土粮蔬的肥料沤制

学习当地农家肥的沤制发酵方法，进行牛粪羊粪、厨余垃圾和花木枝叶的发酵堆肥处理，研究相关微生物活动和发生的化学变化，沿袭本地施肥方式和施肥时间，让师生进行生态肥料的初步研究。

（五）乡土粮蔬的生态防虫

采用手工捉虫、天敌防治、生态药物、黄板诱杀等防治手段，全程进行乡土粮蔬的种植养护，让师生了解保护乡土自然、维持生态平衡的重要意义。

（六）乡土粮蔬的灌溉方式

尽量不要使用自来水，还是以当地井水、河水为宜，可以设置水窖等雨水收集装置，或者采取水压取水方式进行灌溉，也可以自制滴灌系统，感受节水种植的乐趣，渗透环保节约的理念。

三、耕读农场的收获分享

（一）耕读农场的培育记录

介绍乡土粮蔬的发现培育过程，特别是地域品种的选择培优历史。在农场设置乡土粮蔬的成长时段记录栏，由学生记录育苗、成长、开花、结果、施肥、除虫和收获过程，并拍摄图片和视频，通过网络进行实时分享。

（二）收获过程与成果分配

开设乡土粮蔬收获节，让学生参与采摘收获过程，选择和设计相关环保包装。农场产品可以与家人师友分享、赠予需要帮助的孤寡老人和困难家庭。通过学校餐厅、集市进行义卖，接受家长、教师和社会各界预定，所得资金用于耕读农场建设、开展扶危济贫活动。

（三）营养研究及加工方式

结合不同年龄青少年的成长需求和健康摄入，对收获的乡土粮蔬进行营养分析。举行乡土粮蔬饮食大赛，让学生学习乡土粮蔬的蒸、煮、炸、炒等本地传统烹制方法，进行地域传统宴席的传承与展示。

（四）耕读诗文的创作分享

师生亲身参加耕读劳作，体验中国传统农业社会，特别是小农经济自给自足的生活状态，经历"汗滴禾下土""粒粒皆辛苦"的艰辛劳作过程，重温感悟历代关于生产劳动的诗词歌赋的含义。

中小学校适时举行耕读诗文大赛,举办乡土收获节,引导学生将亲身感受通过诗词文章、地方歌舞表现出来,从而颂扬劳动人民,尊重劳动价值,增进对各行各业重要性的认知。

通过对乡土粮蔬的研究和种植,师生认识到生物、化学等学科在粮蔬生产中的重要作用,对乡土劳动教育有了直观认知和亲身体验,由此进行正确的劳动观和职业观教育,有利于增进社会认识和学科渗透。同时,乡土耕读农场可以对学生进行珍惜粮食的德育教育,有效解决当前青少年的饮食浪费问题,实现地域环保教育理念的落地生根。

新乡土学校的劳动教育

《庄子·让王》曰:"春耕种,形足以劳动。"劳动的实质是人类通过有目的、有意识的活动来调整和改造自然界,使之发生物质变换,改变自然物的形态或性质,为人类的生活和需要服务。

2020年3月,《中共中央 国务院关于全面加强新时代大中小学劳动教育的意见》指出:"坚持因地制宜。根据各地区和学校实际,结合当地在自然、经济、文化等方面条件,充分挖掘行业企业、职业院校等可利用资源,宜工则工、宜农则农,采取多种方式开展劳动教育,避免'一刀切'。"2020年7月,教育部印发的《大中小学劳动教育指导纲要(试行)》将劳动教育的性质、内容、要求进行部署。

新时代的中小学劳动教育"做什么、怎么做",成为摆在教育工作者面前的当务之急,现以初中阶段为例,对新时代乡土劳动课程在初中学段的传承与构建进行探索和实践。

一、乡土劳动课程的目标意义

《大中小学劳动教育指导纲要(试行)》指出,初中学段要兼顾家政学习、校内外生产劳动、服务性劳动，安排劳动教育内容，开展职业启蒙教育，使学生体会劳动创造美好生活的道理，养成认真负责、吃苦耐劳的劳动品质，增强公共服务意识和安全意识，培养担当精神。因此，乡土劳动教育在初中学段的推广和实施，具有重要的现实意义。

（一）舒缓学生心理

初中阶段乡土劳动课程的开设，可以让身处青春期、逆反期的初中生参加学业之外的脑力和体力劳动，进行身心情境迁移，解决当代青少年课余时间依赖电子产品的问题，为紧张学业起到心理舒缓的作用。

（二）增强职业认知

提前开展劳动职业技能教育，为部分学困生和后进生进行职业教育的对接，使他们获得对职业分类的认知，进行自我人生规划，化解当前普通高中与职业高中在初中学段的分流矛盾，解决"普通高中挤着上，职业高中吃不饱"的问题。

（三）形成劳动审美

初中阶段是人生观、价值观、世界观形成的重要时期。通过认识各种行业的不可或缺，从而尊重劳动、喜欢劳动，在劳动中获得内心满足和身心愉悦。要纠正部分教师将校园劳动当成惩戒学生手段的错误做法，要把值日劳动视为全体学生日常生活的一部分，作为学校劳动教育的常规项目。

二、乡土劳动课程的研究思路

（一）乡土劳动文化的地理范畴

"十里不同音，百里不同俗。"《礼记·王制》曰："凡居民材，必因天地寒暖燥湿，广谷大川异制。民生其间者异俗，刚柔轻重迟速异齐，五味异和，器械异制，衣服异宜……中国戎夷，五方之民，皆有其性也，不可推移。"乡土劳动文化深受其周围的地域自然环境和社会生活影响，表现出典型性和独特性。

根据所处的地形地貌、区域位置、人文环境，中小学校经过广泛征集实物，系统整理课程，从无到有，从小到大，逐渐建立新时代乡土劳动文化体系。学校成为新建社区的乡土劳动文化传承场所，师生和家长成为乡土劳动文化振兴的参与者和体验者，合理分工、分类展示各自家乡的乡土特色劳动，从而促进师生对不同地域劳动文化的了解认知，增进对多元文化的吸收包容。

（二）乡土劳动文化的范围把控

乡土劳动文化的划定范围要把握好度。划定范围越合理，就越有针对性和信服力，越能体现当地的乡土人文精神。如果一个小学校非要研究一个大范围，往往会力不从心，无从下手。研究范围小，并不意味着研究范围受到限制，也不意味着思路会变得狭窄，反而可以推进更为精准的区域劳动课程开发与实施，获得从点到面的深入体验。

（三）乡土劳动文化的时间跨度

乡土劳动文化的研究要从历史的综合维度来进行，一般是从当地出现人类活动的时间算起，梳理当地在不同时代的名称由来和隶属关系，从而展开对不同时期的乡土劳动文化研究。乡土劳动文化的时间跨度，不拘泥于古代和近代。当代社会也孕育和产生了很多优秀的乡土精神文化成果、经济社会发展成就，它们能够代表乡土劳动文化的传承和发展，体现当代人文精神和价值取向，也是乡土劳动教育研究范畴的重要内容。

（四）乡土劳动文化的分类界定。

周瘦鹃在《劳者自歌》中写道："平生习于劳动，劳心劳力，都不以为苦。"按照传统的劳动分类理论，劳动可分为脑力劳动和体力劳动两大类。脑力劳动是指以消耗脑力为主的劳动，体力劳动是指主要靠体力进行的生产劳动。一般中小学校将体力劳动作为劳动教育的主要范畴，而忽视引导师生对乡土脑力劳动的研究，如乡土诗文和民俗书画创作等。

三、乡土劳动课程的实施途径

（一）多方实地考察，获取立体感知

一片老街区就是一所民俗馆。选择具有典型地域特征的老村落、老街区、老作坊、老工厂、老田坝，前往搜集实物，考证古迹，拍摄照片和视频资料，便于记录、研究、复制或重现乡土劳动场景。

一种老手艺就是一部民俗书。在乡土劳动资源的寻访过程中，要将乡土文化中的地域特色体现出来。同类的民俗物品，不同村居、商号、匠人在原料、材质、工艺、造型等方面，都存在或多或少的差异。要多方寻访老艺人，与时间赛跑，记录真实的文字与影像，了解翔实的手艺制作方式。

一件老工具就是一门综合课。古代民间艺人所具备的工匠精神，远非今人可比。各种劳动工具本身展示出的艺术性、简洁性、实用性令人叹为观止。分拆、组装、仿制乡土劳动工具，了解乡土劳动工具的改进发展历程，深入理解地域社会发展的乡土智慧。

一群老工匠就是一所专家库。在乡土劳动资源的搜集过程中，要寻访熟悉乡土劳动的老手工业者、农业劳动者，全面记录心口相传的劳动记忆，避免隔代失传。可通过前期调研，列举具有鲜明地域特征和乡土教育意义的劳动项目清单，适时、适量、适度地搜集相关劳动专题所需的原料、工具、成品等，便于复原展示其产生、使用、发展、变化的全过程。

一个博物馆就是一所大学校。根据需要开展的乡土劳动研究专题，就近参访劳动民俗类博物馆等专业机构，进行全面的观摩学习。观看博物馆专业的图文介绍、虚拟的场景再现、真实的历史实物，通过直观体验，弥补抽象认知，并获取更多资源和灵感。要注意同类展馆的横向比较，从中遴选整合乡土劳动教育的地域特色。

（二）围绕德育引领，开展专题遴选

初中劳动教育的具体内容：承担一定的家庭日常清洁、烹饪、家居美化等劳动，进一步培养生活自理能力和习惯，增强家庭责任意识；定期开展校园包干区域保洁和美化，以及助残、敬老、扶弱等服务性劳动，初步形成对学校、社区负责任的态度和社会公德意识；适当体验包括金工、木工、电工、陶艺、布艺等项目在内的劳动及传统工艺制作过程，尝试家用器具、家具、电器的简单修理，参与种植、养殖等生产活动，学习相关技术，获得初步的职业体验，形成初步的职业生涯规划意识。

围绕青少年身心健康全面发展的需求，进行查缺补漏，从当代学生最缺乏的劳动体验、最需要培植的道德层面入手，搭配相关资料和实物，按照从形象思维到抽象思维的顺序，选择适合研究和弘扬的点和面，丰富地域劳动教育的研究体系，实现"人无我有，人有我优，人优我特"。"衣食住行"是最能体现地域差别，开展相关乡土教育的劳动课程内容。

（三）培训优良师资，开发乡土教材

通过分组研究，反复思考，寻找所在地域具有典型乡土特色的劳动教育主题。根据参与人员的专业特长，借鉴乡土劳动教育主题的相关资料，向劳动专题行业的专业人员学习。通过实物感知，实践操作，获得丰富经验积累，培养劳动师资队伍，进行乡土劳动教育的课题课程体系和德育教育活动的分步构建和推进实施。肥城市老城街道初级中学先后编写了《老城中学校园生态教育链》《老城衣食住行》《老城土窑陶器制作》《老城乡土建筑》等乡土劳动校本教材,为乡土劳动教育实施提供了系统的图文素材,深受全校师生的欢迎。

(四) 开展因材施教,激发劳动兴趣

根据不同学生的兴趣爱好、年龄性别,设置不同层次的劳动教育课程。要建立常态化劳动教育课程体系,不能把节假日的劳动作业当成打卡留痕。要多宣传乡土劳动的价值与意义,只有学生内心喜欢并长期坚持的劳动课程,才是成功的劳动教育。要充分发挥"朋辈互助"的榜样引领和模范作用,让上下级同学发挥乡土劳动的传、帮、带示范作用,传承学校劳动特色课程体系。

(五) 建立劳动场馆,展示地域实物

根据学段要求和年龄特征,与美术、综合实践、校本等课程结合,建立原汁原味的乡土特色劳动主题场馆,划分不同的区域,复原真实的乡土劳动场景,传承地方非物质文化遗产,特别是一些小众的地域民俗劳动,更具有地域性和独特性。

选择实物时,要突出代表性,选择具有乡土劳动特征的物品;突出专题性,按照研究专题配齐劳动工具;突出地域性,寻找带有本地地名、商号等印记和标识的劳动工具和劳动作品,供师生学习、研究与应用。

(六) 全程劳动体验,形成完整认知

地域劳动文化是一个有机统一、整体协调、古今交融的课程体系,需要学校组织专门团队进行系统整理,深入开发,全面实施。当前,一些节目,如《舌尖上的中国》等之所以在国内外广受欢迎,在于全程展示原汁原味的乡土劳动过程,让当代人了解中国地域劳动文化的博大精深。

中小学校要为乡土劳动教育的实施提供充足的时间和空间,效仿过去放农忙假的方式，让学生完整参与从种植到管理，从收获到加工、从加工到产品、从包装到营销的乡土劳动全过程。

（七）紧扣教育主题，制作文创作品

地方学校要紧扣"教书育人"主题，除了传统的衣食住行等劳动主题外，开展教具学具制作课程。研究古代文人用品，结合当代师生需求，设计和制作新时代文房文创用品。如制作书房牌匾、笔筒、镇纸、文具盒等。师生使用自己亲手制作的文具，既能展示文具独一无二的个性美，也能认识到劳动创造了生活美。

（八）贯穿劳动教育，实现学科融合

语文学科的劳动诗文创作吟诵、劳动场景形象描写；数学学科的劳动量的计算、劳动统计工具的使用制作；英语学科的劳动短文翻译写作、不同劳动阶段的时态变化；物理学科的劳动工具制作和使用、动能势能转化原理的实践与研究；化学学科的酸碱度等因素与生物成长的关系；道德与法治学科的生产力三要素与社会变革关系；历史学科的人类生产劳动发展简史；地理学科的地域环境与乡土物产的关系；生物学科的同种生物不同地域进化；音乐学科的地方劳动歌曲、叫卖曲调与劳动号子；美术学科的乡土劳动绘画；体育学科的乡土体育项目……乡土劳动课程将对其与学科教育教学互为促进、相互融合起到积极作用。

（九）立足校园实际，拓展劳动园地

地方学校的劳动教育实施，必须有充足时间和空间保障。例如，初中阶段学生学业较为紧张，加之交通安全等方面的考虑，可供外出劳动的机会不多。在有限的校园空间中，合理调整和规划布局，为师生提供各种乡土劳动场地。2015年以来，肥城市老城街道初级中学先后规划建成生态温室、百花园、百果园、百鸽园、百鱼池、百藤园、百草园等乡土生态劳动教育链，鸽翔鱼跃，花果满园，近百种乡土动植物为学生提供了直观丰富的劳动教育资源。从2016年到现在，肥城市老城街道初级中学已经开展了六届"守花护果"校园采摘节活动，日常鸽楼清理、动物饲养由班级分工负责，实现了"人人参与劳动，人人分享收获"。

（十）开展社会协作，延伸职业体验

"生活即教育，社会即学校，教学做合一。"有限的在校时间，无法实现初中学生乡土劳动技能培养和劳动习惯养成，需要多方合作统筹安排，将劳动教育课程由学校向家庭、社会全面延伸，在农场、工厂、社区等场所建立不同类型的劳动教育基地，营造全社会支持中小学生劳动教育的氛围。肥城市老城街道初级中学与周边的泰山茶园、农场、印刷厂、火车站签订了劳动教育基地协议，定期分批组织学生参与不同行业劳动，参与乡土大集售卖，丰富地域生活的经历。

四、乡土劳动课程的考核评价

恩格斯说过："劳动创造了人本身。"将劳动素养纳入学生综合素质评价体系，制定评价标准，建立激励机制，开展年节劳动成果展示、班级劳动竞赛等活动，全面客观记录学生课内外劳动过程，加强劳动技能和劳动成果的考核评比。建立公示审核制度，确保记录真实可靠，把劳动素养评价结果作为衡量学生发展的重要内容，作为各类评优评先的重要参考。

五、乡土劳动课程的实施成果

近年来，肥城市老城街道初级中学坚持乡土教育与劳动教育相融合，全面提高办学水平，提升师生人文素养。2018年7月，学校为"山东省乡村学校少年宫建设培训班"提供场地，向全省教育同行展示了乡土教育成果。2020年3月，肥城市老城街道初级中学地域文化教育成果由中央电视台摄制播出。2021年2月，肥城市老城街道初级中学被山东省教育厅评为"乡村温馨校园"，成为肥城市唯一获此殊荣的中小学校。2021年3月，学校《新时代乡土教育的传承与创新》被山东省教育厅评为2021年全省100个"普通中小学校优秀德育实施方案"之一。2020年9月，学校校长被评为"泰山名校长"，学校乡土劳动教育工作也多次在省内外进行专题交流。

习近平多次提到"乡愁"，他说，"乡愁是什么意思呢？就是你离开了这个地方会想念这个地方"，"每个地方都有让大家留念的东西，不要小看这种幸福感，因为这种幸福感能留得住人"。新时代的乡土劳动教育，让广大青少年记住乡愁乡情、培植家国情怀，实现劳动教育的审美功能和人文价值，培养传统乡土劳动文化的传承者和接班人。

新乡土教育的乡野徒步

陶行知先生倡导"生活即教育""社会即学校""教学做合一"的教育理念。当代青少年的生活环境，绝大多数已经远离乡野，迁至城镇。随着中高考对成绩要求的不断提升，青少年外出的时间和机会越来越少，对于乡土的印记，恐怕只有居住的社区记忆，或者听父母讲那过去的故事……作为基层教育工作者，在追忆童年乡土生活乐趣的时候，也要思考当代的青少年如何弥补乡土生活体验。

乡野，是乡土真实的另一面。"金山银山不如绿水青山"，随着对生态环境的日益重视，各种生态修复项目纷纷上马，河道疏通、旧村复垦，一切都按照整齐划一的标准规划进行。乡野的原有面貌发生了很大改变，什么是乡野，如何让青少年走进乡野、了解乡野，成为摆在乡土教育工作者面前的问题。

乡野，顾名思义，是指乡村野外。乡野不同于人工养护的绿化园林和村庄耕地，是指近乎原生态的乡土旷野，是人们眼中的荒郊野岭。乡野作为当代青少年涉足最少的地方，成为他们需要实地探寻的秘境世界。

《说文解字》云："徒，步行也。"徒步是指舍车而步行，是最接近乡土生活的出行方式，也符合当前人们对生活节奏和教育活动慢下来的迫切要求。地方中小学校要恢复春游和秋游活动，适当增加夏季和冬季徒步旅行。乡土徒步研学与外地景点研学相比，前者更接地气，有利于学生身心成长。

一、乡野徒步的路线规划

不同学段的师生，乡野徒步的路线、距离和内容要分层推进。幼儿园和小学低年级，以直观体验、短途参观为主。从小学高年级开始，逐步加大乡野徒步范围、内容、距离，增加难度和要求，促使身心获得更为深刻的体验。

乡野徒步的路线规划，是根据乡野研学的目的意义，进行地点、道路和区域的规划，也就是乡野徒步点、线、面的选择。提前研究学校各年级、各学段的师情生情，根据当地的史志记载、人文现状，结合学生的认知水平、体力状况，规划乡野徒步路线。在初步确定路线之后，组织带队教师进行实地徒步演练，保障安全和路线畅通，提前发现和解决问题，进行补水加餐、机动厕所、野营野炊等保障位置选择，并与当地社区、居民提前协调，确保活动的顺利开展。

二、乡野徒步的各项准备

（一）印制乡野徒步地图

按照乡野徒步全程路线，截取或者绘制相关地图，根据正规要求，实现坐标清晰、标注明确、比例精确，做到学生人手一份。

（二）准备乡野徒步知识

将徒步目的、地名知识、乡土动植物、沿途景观等研学内容逐一列出，部分问题列成填空、选择或者简答样式，供学生进行先期资料搜集，以备亲身实践验证。训练师生不依赖任何现代化手段，能够进行荒野方向辨别，培养寻找水源、食物的野外生存技能。各班提前学习乡土民歌，在徒步期间进行班组合唱，在行走中感知乡土音乐产生的地域环境，增强集体的凝聚力和感召力。

（三）进行徒步体能训练

提前排查特殊体质，如先天性心脏病等不适合徒步人员，做好应对工作。参加徒步的师生，应根据徒步距离、地形地貌，提前至少两周进行有针对性的长跑、跳绳、攀爬等专项训练，保证充沛的体能完成徒步全程。

（四）开展徒步意外演练

根据乡野现状，寻访乡土居民，咨询卫生部门，准备相关救护器材，使急救电话保持畅通，制定人身救护、野外灭火等意外情况处置预案。在人身安全方面，了解有无蜱虫、蚂蟥、蛇类、蜂类、兽类出没，进行路线规避、有效驱离和紧急救护等方面的演练；了解有无废弃机井、天然孔洞、水塘河流等危险区域，进行相关外伤、骨折救护演练，让学生掌握防溺水、防摔伤及扶助他人的技能；跟踪天气预报，进行突发天气应对训练，对野外躲避雷电、暴风雨进行训练指导；尽量佩戴口罩，防止接触野外过敏原；携带攀登手杖，用于身体辅助运动和动物警示驱离。

在交通安全方面，与交警部门联系，提前进行路口通行训练，准备相关警示标识，确保队伍有序安全通过。对师生的突发情况，要做好相关后勤保障，救护车辆、医护人员与队伍随行，以便及时救护、运输相关人员。

（五）列举徒步物品清单

结合乡野徒步的日程安排，根据衣食住行等基本需求，准备相关徒步物品，如学校和班级的旗帜口号、服装鞋袜、防叮咬用品、水杯手套、便携食物、背包雨具、帐篷桌椅等。学校要准备好照相机、摄像机，并给学生发放动植物标本搜集袋，便于随时采集标本并标识携带。

三、乡野徒步的过程启示

(一) 寻觅乡野遗址

坍塌的老旧房屋、村庄旧址,几年之后就难以被人发现。因为其建筑材料就地取材,所用石木建材来自乡野,其废墟经历风雨侵袭、动植物分解,草木日益繁盛,逐渐与乡土浑然一体,回归于自然,完成真正的环保循环过程。通过研究乡土建筑的产生发展历程,得以了解先人与自然和谐相处的方法,学习地域衣食住行的传统技能,在当代生活中进行有效的传承和创新,成为新乡土生活的倡导者和实践者。

(二) 重视乡野生态

随着工业化和城市化的发展,长满杂草、淹没路径的荒野,被认为是破败落后的地方,需要进行规划和利用。其实,相比于整齐划一的人工林、人工河,荒野才是乡土动植物的乐土。人们发现平日少见的动物来到城市的身边,这其实是因为它们在乡野已经无处可去。保护它们的最好方式,其实就是尽量不要改变乡野原貌,留给它们最后的安身之处。人造林、人工鸟巢、人造兽穴很少有动物入住,就是最明显的例子。

(三) 利用乡野力量

最好的生态修复不是人工治理,而是顺其自然。人们与其急于清理各类废墟、覆盖各种污染,不如让乡土动植物的力量去慢慢改变与恢复生态环境。就像新发现的能吞噬石油和塑料的细菌,自然世界其实早就各有分工。在大自然面前,人类永远是渺小的一分子,永远不可能完全对抗自然、战胜自然,顺应自然比改变自然对人类更有益处。近年来,有些水库堤坝被炸掉,恢复自然河流的生态功能;有些农田放弃化肥农药,采用天然肥料和生物防治,开展有机农作物生产,这是当代人类重新以自然为师,向自然学习的理性回归。

（四）对话乡野人文

只有置身于乡野，与乡土对话，才能走进乡土人文的内核精华，探究乡土人群的性情形成。比如在大西北的沟壑旷野中，听不清江南的绵柔昆曲，所以用高亢的信天游宣泄情感。所以，乡野是读懂地域文化精神的最佳场合。乡土孕育乡风，乡风培养乡民，乡野徒步就是师生宣泄心理、疏导心情的有效方式。

（五）采集乡野标本

在乡野徒步过程中，研究乡土山川河流的形成过程、乡土动植物的进化原因。在生物、地理等学科教师的指导下，携带捕虫网、渔具，或者自制相关器材，利用徒步机会进行乡土动植物标本的采集，例如乡土植物树叶种子、水生陆生动物、岩石土壤标本等。每次徒步研学，都能认识更多的乡土动植物，研究食用、药用、工用、民用等社会价值，发现不同水土孕育的不同动植物在乡土生态链中的平衡作用。千百年来，地方乡民已经在与乡野自然的和谐共存中，对乡土动植物、矿产资源等做到了物尽其用。期待当代青少年对乡野自然进行更好的保护与利用。

四、乡野徒步的考察报告

每次乡野徒步活动都会铭记在每一位学生的内心深处，成为当代青少年接触乡土的宝贵记忆。通过摄影录像，对师生徒步过程、成果收获进行及时记录。注意抓拍学生在乡野自然中的放松神态、纯真笑容，记录他们的所寻所获，制作乡野探索摄影集。组织学生按照正规论文的要求，撰写乡土调查报告，提升他们搜集和分析的能力，树立科学严谨的学术意识，培养全面规范的文字编写能力，提前成为"知、行、悟、写"的多面手。

美国著名作家梭罗在瓦尔登湖独自居住了两年时间，通过感悟自然四季的循环、经历物我之间的对话，在著作《瓦尔登湖》中写道："我步入丛林，因为我希望生活得有意义，我希望活得深刻，并汲取生命中所有的精华。然后从中学习，以免让我在生命终结时，却发现自己从来没有活过。我看到那些岁月如何奔驰，挨过了冬季，便迎来了春天。"

当代的青少年，要在乡野徒步中让身心慢下来，在乡野环境中获得身心的健康成长，实现对乡土文化的学习思考和传承发扬，让故乡的乡野成为人生中印象最深刻的体验地。

第八章

新乡土学校的课程活动

新乡土学校的课程教材

乡土教材是由各地教育部门或者学校，结合所在地域实际，根据师生的需求编写的地方系列教材，包括乡土历史地理、人物故事、民俗艺术、语言行为等内容。乡土课程的实施，让当代的青少年实现对乡土社会的立体认知，从而树立地域文化自信，实现多元文化的理解与包容。

1958年，中华人民共和国教育部下发的《关于编写中小学、师范学校乡土教材的通知》指出："教学乡土教材，可以补充全国统一教材的不足，使教学内容更加丰富充实、生动具体，能更密切地结合地方实际情况，能更好地适应我国地区辽阔、情况复杂的特点。"

乡土教材不是地方文化资料的简单节选与内容复制，而是根据学情生情、学段特征、教育需求，对乡土文化脉络进行系统梳理。教材编写从青少年视角出发，用形象生动的语言，图文并茂的描绘，带领师生走近乡土，走进生活，开展乡土文化的知识学习、调查研究、实践拓展，实现教学做的行知合一。

当代中小学校要把乡土课程的构建与实施，作为国家三级课程实施的重要组成部分，通过对乡土文化的学习传承、整合应用与创新实践，实现树立乡土自信、传承地域精神的教育目标。

一、乡土教材的价值导向

乡土教材的选题和内容，要以当代社会主流价值观为引领，以教育部门颁布的教学大纲为指导。乡土教材要尊重人文历史，展现地域特征，以"德、智、体、美、劳"五育并举为主线，以系统传承乡土文化为内容、促进学生终身发展为目标，培养具有乡土情怀、家国意识的当代青少年。

国家课程体系是对学生进行规范化、统一性的课程实施与知识传承，限于我国疆域辽阔，国家课程无法兼顾各地的乡土文化，需要乡土课程的辅助实施。乡土教材是国家教材的补充丰富，国家教材因乡土教材而具体形象，两者相辅相成。不同的地域文化以乡土教材作为载体，并因教材的实施影响变得深远和牢固，推动乡土文化的重现活化，实现乡土文明的代际传承。

"乡"是陪伴成长的环境，"土"是养育我们的地方。乡土文化是中国人的精神家园，饱含着中国人对故乡的依恋和回望，是华夏五千年文明的根脉所在。自古以来，地方文庙书院、私塾学堂、各级学校等教育机构，就是当地乡土文明的重要传承场所，一代代的乡贤乡绅、官员教员，成为乡土文化的传承教育队伍。

乡土教材的主要功能，是作为传播乡土历史地理知识，传承地域文化记忆的重要载体。乡土教材的开发应用水平，体现了当地对传统文化，特别是对乡土文化的重视程度。师生熟悉掌握乡土文化知识，有助于推动当地的经济和社会发展。

乡土教材的编写，要符合当前国家和社会主流价值观，避免掺杂宗教和民族等观点因素，更不能带有政治倾向和个人论断。要挑选思想素质过硬、专业素养丰富、具有乡土情怀、熟悉乡土生活的专兼职人员，参与乡土教材的选题编写、审核讲授。

二、乡土教材的历史分类

1905年，清学部下发了《乡土志例目》，作为全国编纂乡土教材的指导方案。《乡土志例目》指出："初等小学堂学科，于历史则讲乡土之大端故事，及本地古先名人之事实；于地理则讲乡土之道里建置，及本地先贤之祠庙、遗迹等类……"把乡土志内容分为历史、人类、户口、氏族、宗教、实业、地理、山、水、道路、物产、商务，政绩录、兵事录、耆旧录，并作详细要求。

进入民国以后，乡土志逐步脱离了旧方志体例的影响，主要分为课目体和章节体两种体例形式。随着教科书编纂的逐步成熟，乡土志进一步向教科书过渡，并最终被乡土教科书取代。民国的乡土教科书，品种日益丰富，名称各有不同。

新中国成立以后，1958年1月，教育部发出《关于编写中小学、师范学校乡土教材的通知》（以下简称《通知》），这是新中国第一个专门针对乡土教材的国家文件。《通知》对于促进和规范乡土教材做出重要指引，形成了新中国成立后乡土教材编写应用的第一个高峰，特别是源自乡土生活实际的地方识字教材、乡土语文教材等，在工农群体扫盲工作中起到很大作用。

改革开放后的80—90年代，乡土教材繁荣丰富，再掀高潮。1987年6月，全国乡土教材工作会议在浙江召开，国家教委要求"采取积极措施，大力推动乡土教材的建设"，各地教育部门纷纷组织地方历史、地理教材的编写，推动了20世纪乡土教材的再次繁荣。

21世纪以来，乡土教材被地方课程和校本课程取代。地方课程教材大部分成为学科课程教材的补充，学校校本教材也变成了大众化的社团教材或应试教材，造成了当前乡土教材基本退出教材家族的严峻局面。

乡土教材的分类没有统一标准，不同时代、不同地域、不同学校都有各自的体系设置和内容侧重。结合地域特点，根据教育功能，乡土教材一般可以分为乡土历史、乡土地理、乡土人物、乡土自然、乡土艺术、乡土民俗、乡土语言等系列。乡土教材的名称，可以在当前通行学科前加"乡土"二字，如乡土语文、乡土历史，或者根据内容单独成名，如乡土地名、乡土传说。

三、乡土教材的选题编写

乡土教材的选题，要根据地域文化传承和师生实际需求，挖掘学校覆盖范围的乡土教育资源。根据教学师资和硬件设施现状，对乡土地理历史、地域民风民俗等进行对比选择，既要弘扬地域特征，又要突出办学特色，避免临近学校出现雷同。

（一）地域性

很多人提起"乡土"一词，想到的就是乡村，这是对乡土概念的狭隘化。乡土泛指人们出生、长大、生活的家乡和地域，没有城乡区分，不能将乡土的概念乡村化。地方中小学校要将所在区域作为乡土研究的内容范畴，以点带面，逐步推进。

（二）系统性

当前，随意性和碎片化是乡土教材开发常见的问题。乡土教材的选题宜小不宜大，选题越小，地域特征越明显，越容易深入研究、全面展现，实现乡土教材的完整开发、系统实施，让师生获得乡土文化的全方位认知。

（三）通俗性

乡土教材与国家课程的区别，在于其编写的灵活性，要做到语言通俗易懂、图文并茂、便于阅读，整本教材的编写风格和行文格式协调一致。乡土地理、乡土历史等教材，可以用第一人称，采取叙事体的方式，设置问题悬念，激发学生学习和探索的兴趣。

(四) 学段性

考虑不同学段学生的身心特点和认知要求，在语言组织、图文搭配上采取不同的编写标准，从乡土儿歌、传说绘本、故事连环画到乡土诗文、碑帖研究等，与少年儿童的身心发展规律同向而行，由近及远，由浅入深，由具体到抽象。

(五) 时代性

乡土教材既要念旧，也要容新，特别是当前的乡土社会，其乡土风貌、人群属性等，与传统乡土社会相比发生了极大变化，要做到古今交融、以古励今。新的时代呼唤新的乡土教材，课程开发要与当前教育需求、社会发展实现协调同步，在传承中求新求变，为乡土社会发展提供人才保证和智力支持。

(六) 学科性

乡土教材与语数理化生、音体美劳等课程紧密相连，是通用课程的地方要素体现。通用知识与乡土文化全面融合与应用，在乡土教育实践中感悟和体验，让师生在熟悉的乡土中理解知识、运用知识，实现学以致用、用以促学。

(七) 探究性

研究乡土文化的目的之一，是解决"我是谁，从哪里来，到哪里去"的问题。乡土教材的编写，要始终围绕问题导向，让学生参与课题立项、社会调查、自然考察，多提问，广搜集，勤实践，善总结，形成发现问题、研究问题、解决问题的探究性思维。

(八) 实践性

师生要在真实的情境中进行体验和感悟，熟悉当前乡土教育面临的典型问题。首先，利用所学知识解决乡土生活的实际困惑，熟知乡土婚丧礼仪等；其次是学习必要的乡土技能，如掌握乡土社会的衣食住行的获取途径。

（九）严谨性

乡土教材要围绕各级教育部门颁布的教学大纲，以各级地方史志资料和官方出版物为依据，要对历史负责，对未来负责，引用数据准确有效、事例真实无误、立场客观公正。乡土教材的编写团队，要选择责任心强的教师，进行反复审稿校对，确保教材严谨准确。

（十）持续性

从二十世纪九十年代最近一次大规模编写乡土教材至今，大部分地区乡土教材的编写出现三十多年的断层，普遍缺少这段时间乡土教育资料的衔接。这需要教育工作者进行全面搜集整理、补充完善。

四、乡土教材的编写体系

当前，部分中小学校的乡土教材开发，面临师资匮乏和无从下手的状况。因为当代年轻教师普遍缺乏传统乡土生活经历，缺少开发乡土教材的知识储备，缺乏编写教材的能力，需要进行骨干培养和专业引领。

乡土教材的编排形式，根据内容可以分为知识介绍型（乡土历史、乡土地理、乡土自然）、动手操作型（民间工艺、衣食住行）、活动体验型（社会调查、职业体验、乡土民俗）、乡土人文型（书法楹联、诗文传说、审美熏陶、精神激励、心理宣泄）等等。不同乡土教材的编排体例也各不相同，同一课题的乡土教材，要保持编写风格的一致性，以便于教师授课和学生学习。

（一）知识介绍型教材

这是最常见的乡土教材类型，每节课一般由出示课题、问题导入、知识展示、知识探究、记忆巩固等部分组成。

（二）动手操作型教材

分为实践背景、材料准备、过程观摩、详细制作、作品展示、反馈提升等环节。

（三）活动体验型教材

一般由活动背景、活动课题、活动目标、活动过程、活动设计、活动评价组成。

（四）乡土人文型教材

分为研究背景、研究资料、研究内容、研究方法、研究过程、研究成果与应用、不足与展望等部分。

乡土教材的编写，不拘泥于固定体例，可以根据课程课题或活动主题，按照时间发展顺序，进行相关知识树的整合编辑，一般包括乡土背景、乡土资源、乡土需求、乡土工艺、历史追寻、传承价值、实践过程、总结反思、未来展望等环节。

五、乡土教材采编举隅

肥城市老城街道初级中学校本乡土教材《老城土窑文化》的编写，是按照以下体系进行的：

（一）地名溯源

山东省肥城市老城街道办事处东部有罗窑村、小窑村两个行政村，通过对当地特产调查和地名溯源得知，村民来源于明清时期自山西洪洞迁居于此的罗氏和刘氏，以就地取材烧制土窑器具为生，故名为罗窑、小窑。

（二）乡土调查

肥城市老城街道初级中学师生走进罗窑村、小窑村，考察周边地貌，发现房前屋后有大量残存窑片。墙头覆盖破损的大量陶缸碎片，是当时大量烧窑制陶的残次品，起到防雨防盗的作用。通过追寻村中土窑的兴盛历史，了解土窑商号的名称渊源和人物故事。数百年来，两个村子制作的土窑用品在周围县区广受欢迎，如今窑址被拆，艺人老去，替代品众多，土窑文化即将消失。通过调查土窑兴衰史，感受几十年来乡土文化迅速消失的遗憾和无奈，激发师生抢救和复兴乡土文化的意识与行动。

（三）地理考证

通过寻访老艺人，在村边河道取土分析，搜寻土窑原料的来源。罗窑村附近土质细腻，不需要太多过滤，就能直接烧制土陶。根据乡土历史溯源，结合老城的大汶口文化时期北坛遗址、河东汉代遗址出土的陶器，总结出老城由于三面环山，处于康王河源头，山上的泥沙历经河流冲洗沉淀，其土质适合烧制各种陶器。

（四）乡土审美

从现存村庄外墙覆盖的土窑残片寻起，搜集现存的完整土窑作品，整理摆放到学校的综合实践或劳技教室。从乡土劳动教育入手，学习原料的准备、土窑的设计和土陶产品的制作步骤，从中发现乡土劳动的实用与审美价值。

（五）乡土传承

研究分析土窑陶器的实用性、环保性、地域性，可以申报相关非物质文化遗产项目，传承古代工匠精神；在保留其透气性、古拙性的基础上，可以开发多种适应现代需求的新产品，实现作品实用性、审美性和时代性的完美结合。

（六）拓展教育

从近年来土窑文化的消失，感受河流断流、采石挖沙、水利改造等因素对乡土传统工艺的影响，从地下水的枯竭、原料地的破坏和土窑址的荒废，感受保护乡土的迫切性。

（七）成果总结

搜集土窑原料采集、制作手法、烧制事项、运输办法、售卖方式、商号广告、人物故事等素材，采用简单易懂的语言、图文并茂的版式整理成册，一部关于地方土窑文化的乡土教材就此产生。

乡土就像父母一样，我们无法选择，更不能嫌弃。乡土是人生的开始地，是风筝的线轴，无论我们走到哪里，走得多远，都能顺着这根长线回到起点，寻找身心的安顿之处。乡土教材的开发和编写，将支离破碎的乡土知识系统串结起来，让青少年读起来，学起来，熟起来，用起来，做到了解乡土、热爱家乡。

地方中小学校通过乡土教育溯源，编写乡土教材，学习乡土文化，形成乡土认同。师生在乡土教材的学习体验中，获得乡土知识，树立乡土自信。学习乡土教材，有利于扩大热爱乡土文化的坚守人群，构筑新时代乡土文化的传承体系。

新乡土学校的师资培训

新进教师的入职培训，是对每名入职教师进行学校历史现状、工作规范、教育方法、家校沟通、师生关系等专题性、系统性培训，目的是使新入职教师尽快融入学校集体，尽早适应教育工作。

各级教育部门组织的入职教师培训，多以公共科目为主，缺乏针对性。乡土学校要根据实际情况，对新进教师进行个性化的校本培训，作为上级公共培训的积极补充。系统的入职培训，可以使新教师尽快进入工作角色，熟悉本学段的教育规范、教学流程，了解地方民俗民情、师情生情、校情学情，尽早获得职业归属感，树立教育自信心。

一、培训地域知识，熟悉内外环境

（一）熟悉学校内外环境

带领新入职教师实地了解学校内部功能区划，熟悉行政办公生活区域，了解学校周边的情况，帮助其减少生活困扰，避免影响学习工作。

（二）了解地域风土人情

随着教师公开招聘制度的推行，很多新教师是从全省甚至全国各地招考而来，对陌生的工作和生活地缺乏了解。可以带领新教师实地了解学校所处的地理位置、人文历史，熟悉风土人情、风俗习惯。进行专题参观，到周边具有地域特征的古老村居、名胜古迹进行实地考察，有利于新进教师尽快融入当地社会生活。通过入户家访，了解不同村居家长群体的性格脾性，便于今后与家长学生的和谐相处、有效交流。

（三）传承优良教育传统

通过参观校史馆，了解地方教育历史脉络，熟悉所在学校的前世今生，熟悉当地教育名人、知名校友、名师名校长的成长经历、相关事迹，从而传承乡土教育思想，弘扬地域教育精神。

二、培训工作流程，掌握工作规范

（一）掌握学校工作流程

组织新入职教师掌握学校管理层级、处室设置、课时安排、考勤规定、请销假制度、出差报销规定、考核评价制度等工作流程和规章制度，让新教师尽快适应陌生环境，将更多的时间和精力放在教育教学之中。

（二）学习教育法规标准

带领新教师学习教师法、义务教育法、未成年人保护法、《中小学教师职业道德规范》《义务教育学校管理标准》等教育法规，熟悉地方教育政策制度，重点强化教师师德管理，让新教师了解作为教师需要做什么、不能做什么。例如，严禁有偿家教，拒绝违规征订教辅，禁止体罚和变相体罚学生……还可以通过剖析相关案例，进行直观警示教育，避免刚入职教师因急于追求教学业绩，出现各种违规甚至违法问题。

（三）制定落实计划目标

不同学段的教育目标不同，幼儿园和小学是为了培养好习惯，奠定好基础，而初中、高中则是围绕学业进步，提升综合能力。新进教师要根据实际情况，分析所教学科和班级的优势短板，制定切实可行的工作计划、质量目标，并按部就班、稳步推进，打消家长对新教师的能力质疑。

三、培训职业技能，促进专业成长

（一）深化教师职业认知

课堂是教师的独立舞台，教师的一举一动、一言一行都有可能影响学生一生。新入职教师要进行职业观再认识，加深对教师无私奉献、甘为人梯的职业认同，从而端正从教态度，强化奉献精神，树立起终身从教的使命和决心。

（二）了解学段师生特征

不同学段的教师因为教育对象不同，会逐渐形成不同的性格气质，如幼师的活泼外向、小学教师的童心未泯、中学教师的稳重灵活。要让新入职教师了解所在学段教师群体的优缺点，以便于自我认知，及时纠偏。对于学生层面，以初中学段的学生为例，初一处于小升初衔接期，初二处于逆反纠偏期，初三进入两极分化期，面对不同年级的学生，如何进行正确的应对和引导，成为摆在新教师面前的首要问题。

（三）熟悉学科基本模式

实施青蓝工程，开展新老教师拜师学艺和"一对一"传帮带活动。安排新入职教师参与各学科听评课活动，特别是本学科优秀教师的新授课、讲评课、复习课等常态课，学科组长及时跟进点拨释疑。新入职教师进行多次试讲，学科教师全员跟进点拨，反复磨课，促进成长。同时，引领新教师熟悉常规教学教研流程，了解备、教、学、练、考的详细过程，特别是作业布置，试卷批改等规范要求。在上级教研部门的视导观摩活动中，优先推荐新教师讲课，使其及时得到更高层次的点拨指导。

(四) 阅读教育专业书籍

带领新入职教师学习经典教育著作，阅读古今中外教育故事。主要学习古代诸家教育思想及教育流派，特别是《论语》《学记》《师说》等教育名篇，学习近代陶行知等国内名家的教育思想，学习苏霍姆林斯基等国外名家的经典著作。同时，系统学习任教学科的理论与课业指导书籍。唯有如此，才能培养出一批批爱读书、会读书的教师，影响并培育出一代代爱读书、会学习的学生。

(五) 进行教师个性培训

根据新进教师的学科特点和个人特质，提供个性化培训，安排定制化课程。此外，在有外出培训、校际交流机会时优先考虑新入职教师，让新教师尽快了解地域内外学科发展趋势，跟进学科发展步伐。

邀请经验丰富的同科老教师定期指导新入职教师，从规范板书、严谨用词、教态形象等基本训练入手，弘扬学科优良传统，培养扎实教学功底。

(六) 培训持续学习能力

当今，教师队伍按需学习、终身学习是教育发展的必然要求。借助校内外各类名师工作室，吸引新教师加入团队，引导其进行分类学习，掌握各种教学手段，及时撰写教学反思，持续提升教学水平。

四、培训人际交往，利于和谐从教

(一) 建立和谐同事关系

当前的新入职教师，以独生子女为多。有些新入职的教师习惯被别人照顾，勤快不足，礼貌不够，遇事多以自我为中心，考虑问题不全面，若长此以往，易引发人际关系紧张，不利于同事之间和谐相处。要培养新入职教师低调做人、高调做事的工作态度，使他们逐渐养成礼貌谦和、宽容大气的良好品质。

(二) 掌握学生管理策略

针对当代学生网络接触面广、实际生活能力差的特点，引领新教师注意因材施教，不搞教育教学方法的"一刀切"。新教师要向班主任和科任教师学习管理策略，关注学生学段、年龄、性别、个性的不同，善于发现并解决其身心问题。对待学生要"严慈相济"，即对事讲原则、要公平，对人讲道理、要和气。要积极换位思考，及时了解和跟踪学生动态，遇事要了解透彻再做处理，切忌冲动式管理，不能随意惩戒学生。很多事情的表象与事实往往大相径庭，武断处理容易造成误会和误解，甚至引发不良后果。

(三) 学会家校沟通方式

对待家长，要根据年龄性别、知识水平、个性特征真诚交流，不要超出家校关系进行交往。要把握好交流的分寸，该说的必须说，不该说的坚决不说。"隔行如隔山"，在部分家长不能全面了解教育现状的情况下，在网络社交媒介和现实生活中传达相关政策文件时，要注意严谨细致，不要随意加入个人主观判断，避免产生不必要的误会。如果遇到不讲道理的家长，要及时请教经验丰富的老教师，并上报学校共同处理，以免引发不必要的舆情和事端。

(四) 提升抵抗挫折能力

理想与现实总是存在差距，不能回避事物的两面性。新入职教师刚参加工作，在生活和事业上难免遇到挫折。学校既要关心帮助他们，又要让他们适当面对，认识到面对不同家长、学生、同事以及各种教育问题时，产生误解误会、挫折失误在所难免，只有勇于面对这些问题，才能尽快提升自我，这是每位教师成长的必由之路。

(五) 正确认识修正自我

全面系统的入职校本培训，就像一面镜子，让新入职教师进行自我对照。只有认清自己的优缺点，才能确定改进的目标措施，尽早成为一名合格的人民教师，继而向教学新星、教坛名师及教育家的目标迈进。

五、培训机动灵活，组织形式多元

新进教师的入职培训，由本校安排实施，时间、师资和形式可以灵活机动，方便随时调整。在不干扰其正常教育教学活动的前提下，培训时间以一年跨度为宜。学校要组织政教主任、教务主任、班主任、学科组长等经验丰富的干部教师担任培训师资，编写相关校本培训计划和教材，并做到每年补充、修改、提升。入职培训要按照正规的授课日程，可以根据工作变化机动进行，实现内容、场景、地点的有机调整。将培训资料存入教师成长档案，在新进教师入职培训的过程中，做到接地气、多元化、实效性。

"长江后浪推前浪，世上今人胜古人。"新入职教师作为注入的新鲜血液，为学校发展提供源源不断的后续动力。新入职教师的精确校本培训，能使新教师在上级公共培训之外，得到具体化、个性化专业指导，能及时调整思路、随时跟进新问题、新现象，避免新教师走太多工作以及生活上的弯路，帮助其尽快实现全面成长，顺利开启个人从教生涯，并从启蒙培训中受益终身。

新乡土学校的课堂规则

九月份是每学年的开学季。经过漫长的假期,师生回到久违的校园,开始新学年的学业。课堂是学习的主阵地,让学生在课堂坐得住、听得进、学得好,是摆在教师和学校面前的首要任务,是全面提升教育教学质量,实现社会认同与家长认可的现实要求。

当前,课堂教学一般采取班级集体授课的形式。为保证授课质量,提高课堂效率,学校或班级需要及时制订课堂规则,使之成为所有学生都能认同并遵守的基本课堂行为准则。以山东章丘县第二学区区立第二小学课规为例,探讨当今课堂规则的制订应用。

一、闻上课铃学生应立刻齐集教室,不得延宕。

二、坐次排完不得擅自挪动。

三、教员刚入教室由队长喊敬礼,等候教员登台后再喊坐下。

四、上课后迟到,必须向教员说明缘由,方准就坐。

五、书籍文具放置定所,他人的不得私动。

六、取放书籍文具要轻要快,以免妨害课业。

七、对于课业如有疑难,须举手表意,然后起问。

八、授课时须安心静听,不得左右回顾、交头接耳。

九、桌椅墙壁不得任意损毁或涂抹。

十、遇有特别事故，须经教员许可，方准离座。

十一、遇有来宾参观，非经教员指挥毋用行礼。

十二、下课时须经教员指挥，方准下课。

以上课规学生必须遵守勿犯。

现行《中小学生守则（2015年修订）》中关于上课规范的内容是："2. 好学多问肯钻研。上课专心听讲，积极发表见解，乐于科学探索，养成阅读习惯。"现行《中学生日常行为规范》（1994年版）中关于上课规范的内容是："15. 上、下课时起立向老师致敬，下课时，请老师先行。""17. 上课专心听讲，勤于思考，积极参加讨论，勇于发表见解。"现行《小学生日常行为规范》（2004年修订版）中关于上课规范的内容是："11. 课前准备好学习用品，上课专心听讲，积极思考，大胆提问，回答问题声音清楚，不随意打断他人发言。"

当前，从现行的中小学生守则、规范来看，上级教育部门对中小学校课堂规则要求较为简略，缺少详细规定和具体要求。地方中小学校的课堂规范守则，一般由班主任或任课教师随机进行约定，缺乏具体化、规范化和系统化。地方中小学校要按照上级规范要求，结合所处学段特征，根据学生年龄特点，组织教务部门、骨干教师研究教学大纲，制定课堂规则指导意见，供各年级参考使用。

根据学校课堂管理指导意见，班主任或科任教师组织本班所有学生发挥自主管理的积极性，根据年龄学段特点和教学任务要求，指导学生独立思考自己与他人对课堂学习的影响或促进因素，并初步提出课堂所需行为规则。

经过个人全程参与、小组讨论补充、全班集体制定，按照少数服从多数的原则表决通过，本班课堂规则最终成型成稿。由学生自主制定和细化课堂规则，有利于弥补当前学校课堂规则普遍存在的粗放化、随意性、不系统的缺陷，避免中小学生对通用守则规范产生忽视漠视态度，克服学生青春期不易接受规则要求的逆反心理。

经过学生个人独立思考、集体思维碰撞制定的课堂规范守则，能够让所有学生认真审视、全面反思自身的课堂状态和学习效率，培养自我约束力和执行力。当学生由被迫遵照执行规则，改为主动参与制定课堂规则之后，其遵守课堂规则的自我进步要求、自觉约束能力显著提升，能够与教师同学实现和谐共处，从而实现课堂教育教学质量效益的最优化。

新乡土学校的读报时空

报纸是以刊载新闻和时事评论为主,定期向公众发行的印刷出版物。作为大众信息传播的重要载体,具有反映和引导社会舆论的功能。新闻出版业认为汉唐时期的"邸报"是我国最早的报纸,专门用于传知朝政的文书和政治情报,属于新闻文抄。当前,受多媒体新闻媒介的影响,传统报刊行业受到很大冲击,但相对于电子媒体,纸质媒介仍有其不可取代的价值与作用。

明末学者朱之瑜在《朱舜水集·劝兴》提出:"敬教劝学,建国之大本;兴贤育才,为政之先务。"2019年3月18日,全国学校思想政治理论课教师座谈会提出,思政课是落实立德树人根本任务的关键课程,思政课作用不可替代,并提出具体落实要因地制宜、因时制宜、因材施教,鼓励探索不同方法和路径。

作为地方基层中小学校,要围绕"立德树人"根本任务,上好每节思政课,全面落实各学段思政课的课程目标。在课堂之外,除了让学生观看电视新闻,也要发挥学校订阅报纸的应用价值,引领当代青少年做到"风声雨声读书声声声入耳,家事国事天下事事事关心",弥补当代师生受到多媒体设备影响,对纸质媒介日渐生疏的缺憾。中小学校将订阅的时政和教育类报纸拿出阅览室,放置于室外阅读区,便于师生随时阅读,让课余读报成为学生了解国内外和身边大事、学校培养学生公民意识和家国情怀的有效途径。

各级党政机关报、各级教育部门所属报纸，比较注重时政播报的深度和广度。时政和行业报刊在语言文字的严谨性、规范性，在版面设计的正规性、美观性等方面，可以潜移默化地对师生产生影响，特别是在培养学生阅读习惯、阅读能力、写作能力等方面作用显著。在了解国内外大事、地域事件，特别是开阔个人视野、拓展知识层面等角度上，报纸比书籍更具有时效性和快捷性。

各地报纸媒体报道的地域新闻、人文故事、乡土知识，作为乡土教育的重要资源和相关佐证，可以让师生进行剪报摘录，便于归类查询。有关本校的新闻报道，由专人进行翻拍整理并留存实物，作为学校的校史资料的重要组成部分。

地方中小学校要因地制宜，利用各班早读、课间十分钟和大课间时段，在师生课下活动的必经之处，设置合适的阅报栏和座椅，实现伸手能拿报纸，随时能读新闻。有条件的中小学校，可以在教室设置报刊架，实现处处能读、时时能读。学生捧起报纸，每天能记住某个醒目的时间标题和事件内容，比死记硬背时政材料效果要好得多。而且，纸质媒介带给师生的触感和墨香，是多媒体电子设备无法做到的。

假以时日，学生养成读报习惯，学校形成读报氛围，就可以把黑板搬出教室，办好室外黑板报，让学生拿起五彩的粉笔，描绘读书看报的见闻，书写身心成长的感悟。通过各班黑板报的展示交流，培养了学生撰稿编辑、图文制作和排版等能力，逐步提升读报、学报、讲报、办报的综合素养，使学生成长为爱乡土、爱国家、懂时政、能实践的新时代青少年。

新乡土学校的德育方案

一、校情学情分析

随着近几十年社会经济的高速发展和社会环境的深刻变化，中国乡土社会迅速经历城市化的深度转型。千百年来，中国的传统礼仪、年节风俗、乡约家风等优秀乡土文化，与当代青少年渐行渐远，有的青年人对成长地域的乡土文化熟视无睹、轻视逃避，甚至面临"自己是谁，从哪里来，到哪里去"的文化认同迷茫和家国意识缺失。

肥城市老城街道初级中学由创办于清代道光二年（1822年）的肥城老县城鸾翔书院发展而来，迄今已有190多年的历史。学校处于城乡接合部，与很多乡村学校一样，面临学生数量减少、生源质量下降、学校发展乏力等问题，在学校建设、常规管理、日常教育等方面出现很多问题和困惑。如部分学生行为不受家校约束，容易受校外人员和网络言行的诱导；部分学生成长历程缺失，理想信念缺乏，抵抗挫折的能力低下；部分学生学习欲望不强，浑浑噩噩依赖电子产品混日子，身心素质和学习成绩越来越差等。

2015年以来，肥城市老城街道初级中学深入研究地域史志资料，追溯乡土人文现状的形成和发展过程，从中发现和汲取优秀教育因素，成立乡土德育系列社团，编写乡土教育系列教材，将其系统整理、融合应用到学校教育教学工作，特别是德育实施之中。2018年2月，《古代书院文化与当代学校德育的融合与应用》荣获山东省德育课程一体化典型案例；2018年7月，学校为山东省文明办、教育厅、财政厅联合举办的全省乡村学校少年宫骨干人员培训班提供场地；2019年，《古代书院文化与当代校园文化的融合与应用》被立项为肥城唯一的山东省教育厅基础教育改革项目。

自2008年以来，校长王正先后担任定点小学、中心小学、中心中学校长；先后参加山东省骨干校长培训、泰安市骨干校长赴无锡和深圳挂职培训；在追寻乡土文化记忆、征集乡土教育实物、传承乡土教育文化等方面，不断学习、思考与实践，先后自主设计建成肥城老县城教育陈列馆、老城中学校史馆，为当地政府设计建设肥城老县城古代史馆、老城革命纪念馆；2018年，荣获肥城市首届"十佳校长"、泰安市首届中小学校办学风采大赛金奖；2019年成为第三批"齐鲁名校长"市级推荐人员、首批"齐鲁名校长领航工作室"成员；2020年9月，被泰安市政府评为"泰山名校长"；2020年2月，中央电视台《中国影像方志》栏目对其开展乡土教育的相关成果进行了录制播出。以上因素，为新时代乡土教育在学校德育工作的传承和创新方面奠定了坚实基础。

二、德育工作目标

当前，传统的乡土范畴和体系发生了前所未有的巨大变化，中国千百年来优秀乡土文化的教育者、教育对象、教育内容和教育媒介也随之发生相应变革，既传承优秀乡土文化，又融入新的时代要求，新的时代呼唤新的乡土教育。

当前，单纯依靠教育技术变革和进步，无法解决地方学校遇到的新问题和新困惑。我们应鼓励基层教育工作者沿着乡土教育的脉络，追寻乡土教育的记忆，寻找更适合本地师生气质的教育方式，研究解决学生和家长的迫切需求，完成新时代乡土教育传承和演变的使命。

肥城市老城街道初级中学梳理散落的、碎片化的乡土文化，进行系统化的思考、构建和实践，对乡土文化进行挖掘整理、研学实践、展示传承，坚持古为今用、推陈出新，使其成为实现"立德树人"根本任务的重要途径，形成"传承优秀乡土文化、丰富师生人文底蕴"的新时代乡土教育特色。

三、德育实施路径

（一）挖掘乡土教育历史，追寻地方教育记忆

首先成立学校新乡土教育工作室，设置乡土史志资料专柜，研究本地书院学堂教风学风，思考定位学校的"三风一训"核心文化，并进行深入解读，让师生理解掌握并将其内化为师生做人做事、读书学习的准则。二是完善肥城老县城教育陈列馆。2017年，学校修建了肥城老县城教育陈列馆，目前是省内学校首家县级教育历史陈列馆。搜集、整理、陈设了数百件教育实物，梳理完善了肥城老县城乡土教育的历史沿革、历代文庙书院的教风学风，师生可以充分感悟肥城老县城乡土教育文化的传承发展，从而树立乡土自信和家国情怀。

（二）重修乡土教育古迹，传承地方教育文化

一是在校园重建肥城老县城鸾台、瞻岱亭、龙沼等文化古迹，再现"鸾台夜月""龙沼春霖""书院秋风"等肥城古八景，重现老县城文庙的官学儒学功能。二是设立"肥城教育文化古迹介绍"专栏，整理悬挂《重修肥城县大学记》《同川书院记》等历史碑记，对文字、匾额、对联等进行解读，挖掘其乡土教育意蕴。三是在杏坛设置"礼、义、仁、智、信……"十六字石刻，贯穿当前社会主义核心价值观要求的诚信、敬业、孝敬等中华民族传统美德。四是以肥城老县城明清两代的鸾翔、金峰、同川三大书院命名教学楼。一系列乡土教育文化古迹在校园内实现与教育文化史的互为印证，使师生浸润于传统德育文化熏陶之中，人文素养得以全面提升。

（三）传承乡土优秀文化，落实立德树人根本任务

围绕"立德树人"根本任务，由学校党总支牵头，下属支部、共青团、

少先队分工,各班主任和科任教师全员参与,挖掘、开发以"礼、毅、智、新"为主题的系列乡土德育课程,以校外师资作为有力补充,开展丰富多彩的社团和主题活动,促进学生德智体美劳全面发展。

开展乡土"礼"文化教育。以春节、清明节、端午节、重阳节、中秋节等中华民族主要传统节日为主题,通过"知礼""懂礼""行礼",切身体验乡土礼节。树立孔子名生有子雕塑,开展"拜有子"仪式,理解其名言"礼之用,和为贵"的含义,加强尊师重教的仪式感,让学生"知礼";通过研究乡土家谱,来传承良好家风,通过研究乡风民约,来制定班规班风,对吸烟、文身等不良行为说不,让学生"懂礼";开展"文明礼仪我行动"活动,举办家庭礼仪、学校礼仪、社交礼仪等乡土礼仪培训教育,让学生"行礼"。

开展乡土"毅"文化教育。将乡土教育资源融入思政课,引导思政课教师按照课程内容,寻找本地乡风民约、乡贤名人、家风家训故事,让思政课堂更生动,更接地气。依托肥城老县城古代史馆、老城革命纪念馆等校外研学基地,继续开展"四十华里徒步研学"活动,对学生进行地方历史教育、革命励志教育,坚定文化自信,传承红色基因。建立地域乡贤名人励志故事墙,弘扬乡土精神,营造上进氛围。定期邀请乡贤名人、优秀师生作励志专题报告,加强学生的自我教育,适时适度地创设具有震撼力的教育情境。对不良行为组织辩论活动,让学生在辩中取正,论中趋明。

开展乡土"智"文化教育。利用校内肥城市乡镇首家新华书店校园图书馆"同川书院",为学生提供舒适便捷的借阅空间;通过深入研究地方书院教育历史,培养学生听、说、读、写、练的能力,开展"杏坛讲学""课艺论坛""考卷书法"等系列活动,将书院教学中的学习态度、学习方法融合于当代教育教学实践;根据乡土地域别称,各级部设立鸢翔队、卧虎队、火枪队、跃鲤队并进行良性竞争,实现本地生源稳定,教育质量提升的目标。

开展乡土"新"文化教育。首先是乡土技艺进校园。利用废弃水管,设计制作古六艺群雕,即礼、乐、射、御、书、数,契合当前倡导的德、智、体、美、劳全面发展要求;围绕民族精神、经典诵读、民族技艺三条主线,从乡土衣食住行、民风民俗入手,邀请民间老艺人参与,成立百尺舞龙、大字书法、地方戏剧等乡土特色社团,传承地方工匠精神,培养学生兴趣爱好。其次是乡土劳动教育进校园。将传统文化校园与生态教育校园有机融合,重新设计全校绿化格局,种植本地花草树木近百种,建成文人树园、百花园、百果园、百鱼池、百藤园、百鸽园等一系列乡土环保生态教育链,鸽翔鱼跃,花果飘香,让师生可以随时亲近自然,舒缓身心压力,使之成为开展乡土劳动教育和了解本土动植物的校内基地。

四、德育保障与评价

在德育工作的实施过程中,乡土教育要坚持因地制宜、量力而行、全面规划、分步实施的原则。一是与学校场馆相结合,在校园规划、功能室搭配上,考虑德育工作的实施需要,进行乡土德育课程的开发、整合和实施;二是与少年宫、科技馆等各类项目结合,充分利用各级资金,开展相关乡土德育教育项目的研究活动;三是与家庭社区相结合,解决乡土德育活动的资源和师资问题;四是与各部门结合,特别是史志、民政、公安、农林等部门,有效解决学校在乡土德育方面的困惑和需求。

将德育方案的实施和评价,纳入年度综合考核方案,对班级德育管理、学科德育渗透等项目进行专项考核、定期评估,将相关结果用于师生各类评优树先活动,并作为学生综合素质评价的重要部分,在培养学生家国情怀、文化自信、习俗传承等方面成体系、出实效,为学生的终身发展奠定坚实基础。

2021年3月,本德育方案被山东省教育厅评为全省一百个"普通中小学校优秀德育实施方案",并在全省推广学习。

新乡土教育的心理疏导

"一方水土养一方人。"中国历史悠久,地域辽阔,生活在不同省、市、县、乡、村的人群,由于周边自然环境、地域传统文化、乡风民俗风情、家族家风不同,造就了不同的乡土性格。地域人群的性格特征与乡风民俗一样,会对当地青少年产生潜移默化的影响,甚至造成代际传承。

奥地利心理学家阿尔弗雷德·阿德勒说过:"幸运的人一生都被童年治愈,不幸的人却要用一生去治愈童年。"初中阶段的学生处于成长的青春期,学业紧张,压力较大,身心极易受到家庭成员、教师同学和周边社会人群的影响与刺激,加之当前网络虚拟世界和现实生活的对照与反差,一些青少年出现心理逆反和烦躁不安的状况,成为父母教师眼中"软硬不吃"的角色,甚至出现各种危及自身、他人或社会的极端后果。

《半月谈》杂志与清华大学社会科学学院、中科院心理研究所、北京师范大学心理健康与教育研究所等科研机构合作,经过充分调研发现:学习无动力、真实世界无兴趣、社交无能力、生命无价值感的青少年越来越多,当今社会秩序稳定,物质丰富,而学生的心理问题发病率、自残与自杀比例却连年增长,这必须要引起中小学校教育者的高度关注和积极引导。对学生心理关注和疏导的程度也代表了一所学校办学水平和教育能力的高下。

"解铃还须系铃人。"当代中小学校需要高度重视师生心理健康问题，从本地乡土性格和大众心理研究入手，因地制宜、因校订案、因材施教，探索新时代师生心理教育的新途径和新方法；从师生所在区域的人群性格调研入手，分析总结乡土性格的共性特点和个体差异，进行群体性的心理健康教育活动，开展个性化的性格纠偏和心理疏导，保障学生顺利度过青春期和逆反期，培养身心健康的青少年。

一、制定乡土性格量表，开展地域心理调研

制定乡土性格量表，由学生调研自己、亲属、同学、邻居的性格特征和外在表现，可以采取不记名方式，保证做到真实可靠。经过全面统计分析，找出地域人群性格的共性和差异，逐项分析乡土性格的优缺点，形成具体的分析报告，提出有效的解决方式。

二、进行乡土徒步活动，进行村野实地观察

组织青少年开展"四十华里卧虎行"乡土徒步活动。提前制定好活动方案，发放乡土人文地理指南，指导学生按照规划路线，进行乡土地理自然特征、村居地名来历、家族迁徙历史的徒步研学活动，让师生在实地观察和思考中，认识到不同的地理气候、村落形成、人群构成造就不同的风土人情、乡风民俗，对乡土性格量表的结果进行原因分析和实地验证。

三、编印乡土心理教材，开展积极人生阅读

作家杨绛回复一位青年关于人生困惑的来信，直言不讳地说："你的问题主要在于读书不多而想得太多。"现在学生在业余时间普遍沉溺于电子产品，阅读经典著作时间太少，缺乏心理自我教育的途径。根据对乡土性格量表的分析和乡土徒步活动的收获，编印本地乡土心理教材，内容包括乡土性

格形成原因、优缺点分析、解决方式。教材由各班级选派代表调查分析并执笔编写，由心理辅导教师进行理论提升和全面指导，对青春期和逆反期烦恼的正确排解和倾诉方式进行指导，做到图文并茂、通俗易懂，作为校本教材进行使用。在每年的心理健康活动月中，向学生推荐各种关于心理抚慰和积极人生的阅读书目，组织进行群体励志和心理疏导阅读活动。

四、举办乡土歌剧专场，进行地域心理宣泄

"十里不同风，百里不同俗。"不同的地域人群，以不同的器乐载体，逐渐形成不同的乡土戏剧和歌曲，以满足不同的乡土社会需要。乡土大众通过外在的演、发自腹腔的唱以及挥动肢体的舞来抒发内心情感。

以山东为例，有山东梆子、山东快书、胶东大鼓、坠子书等众多戏曲种类，体现了乡土人群与地域环境共生共处的关系，能缓解和治愈当代师生由于学业和生活紧张而造成的焦虑情绪。中小学校可以定期组织师生听一场地方戏剧，唱一首地方民歌，跳一支乡土舞蹈，举办一次乡土诗文吟诵，来舒缓和排解心理压力。肥城市老城街道初级中学成立了课本剧社团，对乡土剧种进行整理挖掘，排演系列乡土情景故事剧，让师生在角色扮演中体验乡土历史，抒发内心情感。

五、进行乡土家风教育，做到家校教育合一

在当地志书和家谱中，挖掘当地历代乡贤名人的家风家训故事。从乡土人群的性格分析入手，研究学生面对学业、交往等容易出现的共性问题，如豪放性格导致的不细致、内向性情导致的不果断。关注特殊家庭群体的家教引导，对贫困学生、留守儿童、单亲家庭孩子等进行关爱教育。召开乡土家风教育会，对家长群体的教育方式进行认识与剖析，开展引导和纠偏，以杜绝简单粗暴的体罚和变相体罚，避免对学生形成身心伤害。

六、设置乡土聊天场所，进行师生彼此倾诉

肥城市老城街道初级中学立足肥城地域文化古迹和肥城古八景，以"一山一水一圣人"为主题，在主教学楼前重建肥城老县城鸾台、泮池、有子像等文化古迹；依托校园乡土生态教育链，种植各种花草树木近百种，校园里鸽翔鱼跃、绿树成荫、花果满园。这些营造了文人笔下的书院意境和诗意校园，师生可以随时亲近自然、愉悦身心、舒缓压力。

在校园山水园林的幽静之处，设置鸾台、瞻岱亭、卧虎亭作为室外聊天场所，学生可以约一位好老师，请几个好朋友，定期在这里进行不设防的畅所欲言，有效抒发内心情感，排解各种情绪，这可以弥补当前学生沉溺网络虚拟世界、缺乏集体交往和缺少朋辈互助教育的不足。

七、选择乡土游戏爱好，进行身心同步调节

根据各年级学生差异和乡土特色，推荐师生选择一项乡土爱好、一个乡土游戏、一种乡土运动，它们取材于乡土，是千百年来地方人群的身心疏导和平衡方式。通过挖掘整理乡土文化，师生学习乡土工匠精神，制作乡土民间玩具，熟悉乡土传统民俗。各级部培训传统体育项目，用充实的乡土游戏活动去愉悦少年身心。

开展乡土手工制作，带领学生制作日常教具、学具、地方服饰等，重点设计和制作师生文房系列文创作品，如诗词牌匾刻制、手工做书修书……学生可以在忙碌的手工制作中做到心无旁骛，获得身心安宁。

老城街道初级中学成立"百尺舞龙"社团，邀请老艺人亲身传授，初一入校用麻绳连接竹竿进行练习，从中选拔男女队员成为预备梯队，跟随高年级舞龙队进行观摩训练；初二、初三技艺成熟，分别组建男女两支舞龙队，作为表演主力；初四毕业班退出演出，对新队员进行一对一指导。在此基础

上，学校选择更易单人操作的"健身龙"，让每个人都能够进行"甩龙"健身，实现了学生身心的充分释放。

八、开展乡土劳动锻炼，获得身心健康发展

肥城市老城街道初级中学设置了乡土百花园、百果园、百鸽园、百鱼池、百藤园、百草园等地域生态劳动教育链，近百种乡土动植物为学生提供了直观丰富的劳动教育资源。建立了苗圃温室，学生种植树苗、花苗，进行浇灌、施肥、除草等工作，培育成功后移植到校园中。2016年以来，已经开展了六届"守花护果"校园果树采摘节活动，人人参与劳动，人人分享收获的幸福，在乡土耕读劳动的忙碌中排解内心烦恼。

九、开展学习心理分析，全面提升学习质效

地方人群的乡土人文性情，直接影响学生的学习习惯、学习毅力、学习方式。通过分级部开展学习心理调查，分析学生学习品质和学习心态，从而加强对学生意志品质和精细习惯的养成训练，树立量变到质变的坚持精神，从而改变部分学生逃避学习、畏惧考试的状况，使他们树立学习的自信心，获取学业的成功感，缓解心理压力。

十、建立心理联席机制，贯穿学生成长过程

"冰冻三尺，非一日之寒。"任何学段的学生心理特点，都与以往学段的教育密不可分。针对乡土性格的缺点和不足，可以建立贯穿幼儿园、小学、初中、高中，甚至大学的乡土心理教育联席会议制度，对学生不同时期容易出现的心理问题，进行追根溯源，定期剖析交流，进行心理干预前置，将当前学生的心理问题提前化解，防止不同学段之间的心理教育工作出现断层，导致学生心理问题的不可逆性。

中小学校与生源所在地的社区、公安、妇联部门，可以举办定期或者不定期的联席交流活动，对学生现状、易发状况、突发事件进行交流、分析和研讨，有利于分析具体案例、分享教育智慧、交流化解策略、形成教育合力。学生中各种欺凌和变相欺凌，特别是网络世界的言语欺凌，对青少年的危害更大，要及时在与学生的座谈中了解到线索，化解于萌芽状态。同时，要提升学生耐受挫折的能力，传授化解内心压抑的方式方法，避免出现处理问题的极端方式。

开展乡土性格研究，能够探究师生群体存在的共性问题根源，从而采取有针对性的心理健康教育方案，进行个体心理抚慰，舒缓师生身心压力。乡土心理调研，使师生了解自己的性格现状和形成原因，这能更好地调整自身的心态，采取正确的乡土身心疏导方式，顺利克服成长的烦恼，有效解决面临的困惑，将更多的时间和精力投入到学业之中，避免青少年时期形成的心理问题成为伴随一生的困扰。

面对不同的地域、不同的人群，需要研究地域人群的性格特征，立足当地的地情、校情实际，采用身边的心理教育资源，开展基于乡土的新时代心理健康疏导，让师生掌握应对心理问题的技巧和方法，更符合普通中小学校的现状和需求，有利于解决当地师生的心理问题。

新乡土教育的家族探究

春节是中国最重要的传统节日，过春节意味着家人的团聚。但随着人口流动增强，生活节奏加速，各种传统风俗都趋于从简从快，导致年节味道逐渐变淡，亲情世故也日趋疏远。长此以往，维系中国人亲情、友情的年节相聚越来越少，仅存的仪式和内容将日渐式微。

重振传统礼节，要从增强家族观念入手。章学诚在《文史通义》曾言："物之大者，莫过于人；人之重者，莫过于族。"中国传统的家族管理体系，自宗法制出现以后，影响了中国两千多年的家庭制度，对乡土传统礼仪的维持和传承起到重要作用，是传统社会开展家风教育、家训约束、事务处理，实现家庭教育与自我教育平衡的重要途径。

一、研究家族由来

家族起源于母系氏族公社时期，形成婚姻和血缘关系结成的亲属集团，成为社会的基本单位，家庭是以夫妻关系和亲子关系组成的最小社会生活共同体。"国有史，地有志，家有谱。"家谱是中国人对自身繁衍谱系的历史记载，是所在家族延续分支的跟踪记录。相对于人们的心口相传，用文字撰写的家谱记载准确，便于流传，成为记录家族谱系、人物列传、陵地祠堂、分支延续的特殊文献。

经历战乱动荡和社会变迁，能保存流传至今的家谱，以清代、民国为多。改革开放后，家谱续修重修之风恢复，多由家族中有文化的族人搜集资料、执笔编写。青少年学生可以利用家族聚会，搜集和研究历代家谱，追溯绘制父母双方家族谱系，解决"我是谁，从哪里来"的问题，进一步梳理各种亲属关系，丰富补充新的家谱资料。

二、征集家风故事

一些名门望族的家谱，往往第一本或者第一部分是历代人物列传和每次修谱序言。普通家谱的前言中，也有先人的籍贯、迁徙、分支描述。师生可以从父母双方的家庭谱系入手，访谈自己的曾祖父母、祖父母、父母，回忆其祖辈的形象特征、个性气质、为人处世、生平事迹、职业变更、家族变迁等，并逐一记录，汇集成册，编制成为新家谱，成为代代相传的珍贵家族记忆。

三、熟知辈分称谓

由于当前人口流动性的增强，以往那种聚族而居的相处方式逐渐分散，各种亲戚见面变少。遇有家族婚丧大事、年节亲戚相聚，很多青少年分不清亲属关系，也不知如何称谓，造成尴尬场面。需要对青少年的各种亲属关系进行梳理，按照当地乡规民俗，编印相关礼仪教材，确保学生称呼准确到位。

辈分，其实是分辈，是指个体在家族中的长幼先后。同宗家族的行辈用字主要有三类：一类是美德或吉祥的字，如德、仁、明、孝、福、禄、吉、祥、贤等；第二类是希望宗族延续和昌盛的字，如永、传、昌、盛、兴、延、继、承等；第三类是怀念先祖和歌颂恩德的字，如泽、祖、显、荣、恩、锡、启、先等。若家族较大，家谱的行辈是生疏的族人进行长幼排序的重要依据，这是当代青少年急需了解学习的内容。

四、熟悉家族礼仪

"礼"的首层要求是"敬"，只有互敬才能互爱。引导青少年了解乡土餐饮礼仪，从座次安排、餐具摆放、茶食顺序入手，培养青少年以孝为先、尊老爱幼的传统美德；从亲属之间的交往礼仪入手，培养青少年温良恭俭让的处事方式；了解年节祭祀之礼，熟悉各层环节寓意，表达对家族先人的怀念之情。

五、传承家风家训

家风家训，指的是家庭或家族世代相传的为人处世方式、工作生活作风。流传较广的家训有《朱子家训》《曾国藩家书》等，还有地方乡贤名人撰写的家风、家训存世流传。"父母是孩子的第一任老师"，父母的言传身教对孩子人生的走向有重要影响。很多人青少年时期虽然对父母的唠叨烦不可耐，但已经潜移默化接受引导，体现在自己做人做事的风格之中。历代家风家训，都有其存在和流传的价值，可以取其精华、去其糟粕，进行新时代家风的制定和推广。

六、熟悉婚丧礼仪

从古至今，乡土婚丧嫁娶的召集和组织活动，一般以家族为主体进行。青少年熟悉当地婚丧嫁娶的基本礼仪、操作规范，具有重要的现实意义和实用价值。目前，很多乡土仪式依靠家族老一辈人组织实施，青年人参与较少，如果相关礼仪风俗断代失传，遇事无人出面组织主持，乡土婚丧仪式将陷入面面相觑的尴尬境地。

七、传承家族实物

所谓"传家宝",是指在家族生产、家庭生活中长期使用,体现家族历史变迁的各种实物,可以直观展现家族繁衍迁徙、职业变化、家教故事等。传家宝可以是历代族谱、职业工具、传世家具、书画墨宝、契约文书、照片影像甚至生活物件,以带文字时间等时代痕迹的为好。有条件的时候,可以设置家庭历史实物陈列柜,较大的家族可以设置家族博物馆,成为熟悉家族历程、传承家族精神的场所。

八、树立家族责任

组织家族成员组建家族沟通群组,畅通联系方式,交流彼此情况,增进家族内部感情。在召集和组织家族活动、相互扶持、化解矛盾等方面,做好家族内部分工,遇事合力而为,为下一代青少年树立榜样,熏陶影响。

九、家族寻根之旅

中国人有寻根问祖、叶落归根的传统思维。可以追溯祖辈迁徙路线,带领后辈寻访祖陵祠堂、故居土地,参与扫墓祭祀、婚丧嫁娶等仪式,由此了解家族往事,熟悉家族人物,进行人生追溯。

当代社会,随着生活节奏的加快,家族居住的分散,传统家族教育和影响逐渐减势。传统家族教育的缺失和弱化,容易导致亲戚之间情感淡漠,致使出现家产纠葛、养老风波,甚至酿成人间悲剧。"身教重于言教",千百年来形成的家风家训、家族传统,是在法律体系约束之外,维护家庭内部平衡的有效手段,也是引导和教育青少年处理家庭事务,获得幸福人生的有力保障。

地方中小学校作为新时代乡土教育的践行者,有责任组织师生进行家族历史探究,传承家风家训,讲好家族故事,让中华民族的优良家风传承发展,成为当代和谐社会的有效组成部分。

新乡土教育的年节传承

春节是中国人最重视的传统节日。在不同的时代,春节的味道有着不同的体验。对于二十世纪以前出生的人来说,年味是踩在积雪上吱吱作响的脚步,是父母长辈买的衣服烟花,是家家户户悬挂的红灯笼,是舞龙狮、踩高跷、扭秧歌、划旱船,是此起彼伏的鞭炮声,这成为每个人童年生活的印记。

当下,几乎每个成年人都在感叹年味的变淡,这是时代发展的阶段现象。由于近年来城市化的飞速发展,中国社会千百年的农耕社会体系逐渐瓦解,特别是地方乡土文化,一度被认为是落后和迷信的地域产物,各种年节风俗礼仪也不受重视,逐渐被舍弃和遗忘。随着传统文化的回归和大众审美的沉淀,人们终究会发现,快餐式的时尚文化经不起岁月的考验,根植乡土的年节文化才是最持久、最温馨的人生味道,可以让现代人获取最温暖、最贴切的心灵慰藉。

中国人,要过纯正的中国节。年节文化是社区、家族、个体共同参与并生成的地域文化。每个人在悲叹年节味道渐微、痛惜传统文化断层的同时,要认识时间的紧迫性,反思自身的参与度。

从年节的来历和发展入手,寻访新中国成立前后出生的老一辈人,回忆原汁原味的乡土文化,做到年节味道的心口相传,实现年节文化的恢复振兴。同时，在乡土年节文化中，融入当代人文与科技因素，在传统和现代之间追寻平衡，形成新时代的乡土年节仪式。

地方中小学校，有责任和义务挖掘和弘扬乡土年节文化，依靠所在社区村居，借助社会家长资源，实现地方年节文化的系统梳理和完整传承。

一、展现年节文化的地域特性

当前，由于电子媒体的传播影响，不同地域的年节文化趋于同化，乡土年节文化受到冲击，不断衰退，甚至泯灭消逝。仅存的乡土年节文化，得不到传承弘扬，其地域特征越来越少，无法实现触动乡土人群内心深处的作用。

乡土年节文化，是各地乡土大众长期在自然和社会生活中形成的节日庆祝和情感宣泄方式。不同地域的同一种庆祝方式，在道具服装、器材配乐、动作编排等方面也有不同。比如同为舞狮，南狮、北狮的起源、形象、动作各有不同。南狮重意，北狮重技；南狮头部形象夸张，北狮则酷似真狮。

肥城市老城街道初级中学所在的百尺社区，因张王两家旧时祠堂相距百尺而得名。"百尺舞龙"历史悠久，参加过民国时期的舞龙汇演。2016年，肥城市老城街道初级中学邀请几位年过八旬的舞龙老艺人到校指导传统舞龙。根据老艺人的描述和示范，了解到舞龙的扎制、存放，特别是其出山、热身、高潮、盘龙等过程，都赋予了拟人化的寓意。比如开始阶段的"出龙"：龙在上年春节舞动之后，沉睡一年没有出山，所以舞龙者托举龙头出门时，龙头要东瞅瞅、西望望，慢慢地舒展身体，如同大梦初醒，其动作让人觉得惟妙惟肖，忍俊不禁，其威严的形象一下变得接地气。舞龙的动作设计，被赋予乡土人群的年节祈福寓意；融入拟人化的想象，体现了地域大众的精神寄托和情感宣泄。

二、参与年节文化的乡土乐舞

以秧歌为例,其发源于宋代《村田乐》,与农业劳动密切相关,题材取自民间传说故事。秧歌将乡土劳动动作进行艺术加工,作为基础舞蹈步法,进而编排群体队舞。根据角色的需要,配备相应的人数和队形,手持手绢、棒、鼓等道具,并配以锣鼓、唢呐等乐器,营造热烈奔放的年节氛围。根据地域区别,秧歌分为华北、东北、西北不同风格,不同地方秧歌的舞法、动作等各不相同,有的威武,有的柔美。秧歌服装以红黄蓝绿等纯色为主,极尽对比夸张,搭配喧嚣的锣鼓,尽情抒发丰收过节的愉悦心情。英歌是秧歌的地方衍生种类,流传于广东潮汕地区,青少年扮演水浒故事人物,融入舞蹈、武术、戏曲动作,整体气势磅礴,充满力量,振奋人心。年节期间,组织青少年参与社区年节秧歌表演,有利于传承乡土风俗,弘扬地域传统。

三、欣赏年节文化的乡土戏曲

"过大年,听大戏。"在电影、电视等多媒体出现之前,戏剧、曲艺是人们最主要的娱乐方式。以山东为例,有山东梆子、山东快书、胶东大鼓、坠子书等众多戏曲种类,体现了齐鲁地域风格和乡土性情。以前,很多村落、祠堂搭有戏台,过年过节欣赏地方戏,如同当代观看联欢晚会和年节大片,将乡土年节氛围推向高潮,有业余戏曲爱好的师生,可以参与地方戏曲的创作和演出。

四、制作年节文化的乡土饮食

在物资匮乏的时代,过年过节是乡土饮食的顶级展示,也是少年儿童盼望新年的重要原因。乡土饮食源自地域特产,是最醇厚的家乡味道。蒸、煮、烹、炸、涮,无不体现着中国千百年来饮食文化的乡土智慧。比如在蔬菜肉食匮乏的山西,人们把面食的花样和口味做到了极致,使之成为三晋大地独有的饮食特色。

五、组织年节文化的全民参与

地方举办年节民俗活动，一般没有专业团队，主要由年长者组织指挥本地青少年，进行短期传授训练，然后在当地社区进行演出。地方中小学校学习和展示乡土年节文化，要做到原汁原味、全员参与，利用各种社会资源，组建乡土曲艺团、戏剧社、舞龙队、秧歌队等，积极参与地方乡土年节文化活动。

肥城市老城街道初级中学的年节传承项目是"百尺舞龙"，邀请老艺人亲身传授，培养学校师资团队。初一级部用麻绳连接竹竿进行练习，从中选拔男女队员成为预备梯队，跟随高年级舞龙队进行观摩训练；初二、初三技艺成熟，分别组建男女两支舞龙队，作为活动主力；初四毕业班退出演出，对新队员进行一对一指导。"百尺舞龙"社团成立以来，从单支队伍演变成每个级部都有，从单一男生舞龙队发展成男、女生舞龙队俱全，成为了学校乡土文化教育的特色品牌。

按照学生居住区域进行就近搭配，组建高跷队、秧歌队、旱船队、锣鼓队，参与所在村居组织的年节演出。春节前后，可以组织师生进行元宵节地方花灯制作、乡土灯谜竞猜活动。由物理、美术等学科教师指导学生进行机械电路、美工设计等知识的学习运用，弘扬乡土花灯特色，融入当代科技因素，制作地域景观、动物人物等各种花灯，参与地方组织的花灯展演。

新的时代，需要新的乡土年节文化，让锣鼓唢呐响起来、秧歌舞蹈跳起来……地方中小学校要利用年节假期，积极恢复和重现年节民俗文化，让师生成为新时代乡土年节文化的参与者和传承者。通过地方中小学校积极参与，传统乡土年节文化可以实现全面复兴、代际传承，从而树立乡土文化自信，满足大众精神需求。

| 后 记 |

不要等后来才知道

1980年,由于地下采煤导致地面塌陷,山东省肥城老县城的党政机关开始搬迁到城南的新县城,一直到1995年,居民才搬迁完毕。15年间,一直生活在肥城老县城,陪伴了它从繁荣到败落的全过程,走遍了它的街头巷尾。下大雨的时候,光脚在街上蹚着水玩;为抄近路上学,爬过高高低低的墙头;为捞鱼捉虾,在城边护城河想尽办法……

后来才知道,小时候用铁丝去烤红薯的砖窑厂,是大汶口文化时期北坦遗址,是肥城区域文明的发祥地;后来才知道,沙坑土堆里不时看到的陶罐陶杯,是新石器时代的珍贵陶鬶陶盉;后来才知道,县城东南角高地上前后用砖封堵的大殿,是肥城曾经的教育中心——明清文庙,经历了战争洗礼和社会变迁,却在1995年被拆除;后来才知道,县城城外的北坦,原来叫北坛,是以前求雨祈福的社稷坛,抗战时期,不少爱国志士在这里惨遭杀害;后来才知道,小时候就读的城关完小,原来是肥城老县城的城隍庙,而且是传统的中轴线设计;后来才知道,肥城老县城原名"卧虎城",是全国仅有的以虎身布局的石头县城；后来才知道……上世纪末，始建于元代历经七百多年风雨的肥城老县城被彻底拆除，一切已知和未知的乡土痕迹，都永远掩埋于地下，包括很多人曾经懵懵懂懂但单纯美好的成长印记。

近年来，全国城市化进程的加速，带来了前所未有的人口大迁徙，大量乡村随着青壮年的离开逐渐衰落消逝。以前那种村村有学校，处处有学生的日子，在我们这代人的亲眼目睹下，即将成为永远的记忆。一所学校、一个村落的消失，意味着积淀了数百年甚至上千年的乡土脉络、乡贤文化、教育记忆渐渐远去，消失殆尽。

"一方水土养一方人。"作为基层教育工作者，有责任、有义务让青少年了解中华民族优秀传统文化，特别是本地乡土文化的形成原因和传承价值，来培养青少年的家国意识、乡土情怀、生态理念，使他们树立民族自豪感、文化归属感和个人自信心。

作为一名新时代的普通中小学校长，既然选择了这个职业，就要有"人生为一大事而来"的教育情怀，来面对困难和挑战；用"俯首甘为孺子牛"的艰苦奋斗，来赢得家长和师生的信任；以"撸起袖子加油干"的带头实干，倾注于学校硬件改造和软件管理。经过长时间的磨砺，以换位思考的审视、问题导向的诊断、正确长远的规划、长期专注的思考、问题倒推的学习、用以致学的方法、知易行难的实践、古今交融的传承、实用前瞻的创新，让一知半解的学校管理初学者，逐渐成长为通晓规范、分层推进、底线管理、特色鲜明的成熟教育管理者。

任何学校的人文传统和校园文化，都不是一朝一夕形成的。任何一位校长的成长与进步，都离不开各级教育部门的长期培养。十余年来，先后参加了山东省骨干校长培训，泰安市教育局组织的中小学骨干校长赴无锡、深圳两期挂职培训，接受了传统文化的浸润和先进教育的洗礼。可以说，各级部门给予了学习交流的平台，全体师生提供了理解配合的支持，才能保证乡土教育工作的逐步推进和顺利实施。

2008年，在肥城市老城镇大石关小学担任校长，完成了学校管理的初体验。2010年，到老城镇中心小学任职之后，在规划校园文化的过程中，尝试宣传过常见的中外名人文化等，但总觉得效果一般。大众化的校园文化，对当代的中小学生缺乏亲和力和吸引力，而身边的乡土教育资源接地气、易寻觅，却很少有人系统挖掘和应用。当时，根据小学的学段特点，进行"美慧教育"的探索，凝练"明美尚德、秉慧善行"的校训，在校园设置乡土工具区、乡韵石器园、乡土禽类园、美慧学苑等，设计乡土民俗系列体验课程，开始了乡土教育的浅层探索和初步尝试。

2015年，接手肥城市老城街道初级中学这所因历史原因而破败不堪的学校。一入职，便需要抓紧实施办学软硬件改造，以提升办学质量，防止生源流失。在老旧校园改造过程中，由于缺乏人力物力，只能件件亲力亲为，坚持自主设计、因地制宜。几年来，努力将每项工作做得更好，赋予每个改造项目以教育寓意，为师生营造充满诗意的书院意境，实现校园景景有故事、物物皆育人。也许在血液里，始终流淌着对故乡的怀念和感激，随着对乡土文化研究和应用的不断深入，越来越迫切地想要追寻地方教育记忆、复原乡土文化影像，不让这座从元代就存在的老县城教育文化记忆渐行渐远、空留遗憾。

2016年，历经一年的改造，主教学楼的加固工程完工，接下来又开始了学校内外的全面整修和改造提升。随后的几年，围绕"立德树人"根本任务，将自己多年的所见、所闻、所读、所思、所悟，倾注于这所修建于上世纪七十年代的老旧校园之中。先后在校园重建鸾台、泮池、瞻岱亭、鸾翔书院等乡土教育古迹，建成文人树园、百花园、百鱼池、百鸽楼、百藤园等校园生态教育链，开发以"礼、毅、智、新"校训为主题的系列乡土课程和德育活动，逐渐形成了新时代乡土教育办学特色。

一路走来，参观过很多的名校，读过很多的理论，听过很多的报告，有过很多的感悟。很多时候，听得热血沸腾，看得激情澎湃，但回到本地本校，一切回归现实。那些先进的教育设施、充足的资金保障、优质的师资生源等，普通中小学校难以企及，致使外地名校的办学经验难以落地生根、无法长期应用。究其原因，是所处地域的不同，导致社会重视程度、地方经费支持、传统管理模式、教育人文生态等方面存在差异。

作为长期扎根于基层的教育管理者，深知大部分普通中小学校校长整天面对的是什么，需要做什么，具体怎么做，怎么能做好。特别是城乡普通学校，需要校长在资金匮乏、人才短缺的情况下，因地制宜、因事而异，利用手中有限的人力物力，完成从通知到落实，从制度到文化，从设计到施工，从教学到质量，从后勤到服务，从德育到安全的全部工作。"塞翁失马，焉知非福"，普通中小学校虽然面对各种艰难，但只要能独立思考、勇于实践，就能实现自我突破、自我成长，这也是很多名校出于乡野的原因，因为乡土文化符合当地师生的脾胃和需求，能孕育根植地域的办学特色，这也是另一种形式的生于忧患吧。

大道至简，返璞归真。通过研究中外教育历史，特别是乡土教育史，经历对各种教育流派、教学模式的追随和模仿，逐渐回归教育的本源，会发现因地制宜、因校订案、因材施教，才是最适合乡土师生的发展路径。俯身脚下，回望乡土，这才是孕育并滋养乡土人群的土壤。乡土游戏快乐了童年，乡土劳作强壮了身体，乡土生物陪伴了成长，乡土工艺孕育了审美，乡土诗文升华了认知，乡土民俗培养了性情，乡土音乐抒发了情感，乡土研学拓展了视野，乡土山水舒缓了心情，乡土历史告知前世今生，乡土地理熟悉周围环境，乡土名人成为励志榜样，乡土语言打下地域烙印，乡土经历赋予丰富的人生体验，乡土成长形成伴随终身的思维模式和行为习惯……总之，乡土文化充满内涵与价值，一旦驻足于此，深入挖掘整理，会给广大教育工作者提供丰富多彩的德智体美劳教育资源，而且取之不尽，用之不竭。

何以解忧？唯有乡土。乡土不单指乡村，乡土是人们成长和生活的城市和乡村，是滋养内心、慰藉心灵的地方。乡土就是一座人生宝库，是默默站在我们身后的靠山，带给我们行走天下的自信，伴随我们一生的成长，是大家心底最温馨、最柔软的所在，是舒缓身心压力、解决人生问题的最佳渠道。让青少年认识乡土、了解乡土、热爱乡土，不再排斥和轻视乡土，以乡土为荣，以乡土为傲。不管它是否依旧贫瘠，是否存在缺陷，就像我们的亲人，越是年长、越是包容、越是念旧、越是慈爱、越是经历、越是坦然。

在今天看来，以往那种朴素简单，甚至贫穷困顿的生活，已不再仅仅是一种乡愁，而是一笔人生财富。乡土生活是当代青少年住在楼房里，观看多媒体所无法体验到的生活，是最需要弥补的人生经历。"不知吾乡，怎爱吾乡，不爱吾乡，怎爱吾国"，学校教育是保护和传承乡土文化的重要途径，不能让以后的青少年对自己的乡土后来才知道，甚至什么都不知道、永远不知道。如今的乡土面貌和居住人群，已经与传统意义上的乡土生活相去甚远，新的时代，呼唤新的乡土教育。

为了深入了解乡土教育历程，不断学习乡土教育理论，追寻乡土教育先驱足迹。近十年来，陆续收集了上千件不同时代的乡土教育实物，研读了清代至今的各种乡土课本和理论书籍，通过对教育实物的触摸和研究，对乡土教育的脉络和历史，对乡土教育的探索和经历，有了更清晰、更直观的认识和理解。近年来，系统挖掘乡土文化的积极因素，与当代中小学校的教育需求相结合，进行乡土教育的全面传承和构建。2017年以来，先后自主设计建成山东省首家校园县级教育博物馆——肥城老县城教育陈列馆、老城中学校史馆。近年来，先后承办了省市级现场会十余次，撰写的文章被一级核心期刊人大复印报刊资料《中小学学校管理》全文转载，办学成果多次受到山东省教育厅、泰安市教育局表彰，并被中央电视台录制播出。

在基层教育岗位上工作二十余年，进行了三所薄弱中小学校的改造提升，从硬件建设到文化营造、从课程设计到德育活动、从浅层思考到深度实践，经历过无数次的学习、构思和重建，也经历过无数次的困苦、彷徨和愉悦。一路走来，深知没有完美的想法，只有不断在实践中摸索，才能得到厚积薄发的收获。只要不忘初心、自强不息，不畏挫折、砥砺前行，就能让自己心目中的学校在贫瘠的乡土中生根发芽，历经耐心守望、静待花开，就能让更多的孩子接受更好的教育，从而改变自身和家庭的命运。

当前，青少年出现的很多身心问题，都可以归因到乡土生活经历的极度缺失。伴随着传统文化教育的复兴，乡土教育也开始被社会逐步重视。当前，很多学校的乡土教育课程仅仅是对乡土文化的浅层和片面体验，对乡土文化的概念与范畴缺乏必要了解，特别是在学校规划设计、核心文化、校园景观、课程教材、德育活动等方面，缺乏全面的理论指导与系统的范例指南。

在这里，将这些年关于新时代乡土教育的学习、思考和实践整理出来，给有志于开展乡土文化教育的同仁一些启发和提示，避免在新时代乡土教育的探索中走过多弯路，大概就是这本书能发挥的作用吧。

王　正

2021 年 6 月